LA BRUYÈRE

LES CARACTÈRES

CHAPITRE XIV

DE QUELQUES USAGES

PUBLIÉ AVEC UNE NOTICE BIOGRAPHIQUE
UNE INTRODUCTION LITTÉRAIRE
ET DES NOTES HISTORIQUES ET GRAMMATICALES

PAR

G. SERVOIS et A. RÉBELLIAU

PARIS

LIBRAIRIE HACHETTE ET Cie

79, BOULEVARD SAINT-GERMAIN, 79

1895

LA BRUYÈRE

LES CARACTÈRES

DE QUELQUES USAGES

A LA MÊME LIBRAIRIE

La Bruyère : *Œuvres*, nouvelle édition revue sur les plus anciennes impressions et les autographes, et augmentée de morceaux inédits, de variantes et de notices, de notes, d'un lexique de mots et locutions remarquables, par G. SERVOIS, garde général des Archives nationales. 4 volumes in-8° brochés . . . . **26 fr. 25**

> Édition faisant partie de la collection des *Grands Écrivains de la France*, publiée sous la direction de M. Ad. REGNIER, membre de l'Institut, et qui a obtenu de l'Académie française, en 1877, le grand prix Archon-Despérouses.

Les Caractères ou les Mœurs de ce siècle, précédés du Discours sur Théophraste, suivis du Discours à l'Académie française, publiés avec une notice biographique, une notice littéraire, un index analytique et des notes par G. SERVOIS et A. RÉBELLIAU. 1 volume petit in-16 cartonné. . . . . **3 fr.**

—— *Des Ouvrages de l'Esprit.* — *De la Société et de la Conversation*, chapitres I et V des *Caractères*, publiés avec une introduction, des notices et des notes par G. SERVOIS et A. RÉBELLIAU. 1 volume petit in-16 broché. . . . . **75 c·**

30782. — Imprimerie LAHURE, rue de Fleurus, 9, à Paris.

LA BRUYÈRE

LES CARACTÈRES

CHAPITRE XIV

DE QUELQUES USAGES

PUBLIÉ AVEC UNE NOTICE BIOGRAPHIQUE
UNE INTRODUCTION LITTÉRAIRE
ET DES NOTES HISTORIQUES ET GRAMMATICALES

PAR

G. SERVOIS et A. RÉBELLIAU

PARIS
LIBRAIRIE HACHETTE ET Cⁱᵉ
79, BOULEVARD SAINT-GERMAIN, 79

—

1895

NOTICE BIOGRAPHIQUE

Jean de La Bruyère est né à Paris, au mois d'août 1645. Son père, Louis de La Bruyère, contrôleur des rentes de la ville, et sa mère, Élisabeth Hamonyn, appartenaient l'un et l'autre à une famille bourgeoise de Paris. Il étudia le droit et se fit recevoir avocat au Parlement; mais à vingt-huit ans il abandonnait le barreau, dont le travail convenait sans doute peu aux instincts critiques, aux tendances méditatives, à la scrupuleuse délicatesse de son esprit. En 1673 il achetait un office de trésorier des finances dans la généralité de Caen[2]. Les trésoriers étaient assez nombreux à cette époque pour qu'il fût permis à quelques-uns d'entre eux de ne pas résider dans leur généralité. Aussi La Bruyère, son serment prêté, revint-il à Paris, et grâce aux honoraires qui étaient attachés à la charge qu'il avait achetée, il put y vivre, en toute indépendance, de cette vie studieuse et tranquille dont il goûtait si vivement les charmes[3].

1. N. B. Les renvois de la *Notice biographique* et de la *Notice littéraire*, toutes les fois qu'ils ne se rapportent pas au chapitre *de Quelques Usages* imprimé ci-après, se rapportent aux pages de notre édition classique complète des *Caractères* (Hachette, 1892, 2ᵉ édition).

2. Les généralités étaient les circonscriptions financières de l'ancienne France. Il y avait dans chaque généralité un bureau de finance. Les trésoriers qui le composaient prenaient le titre de conseillers du roi, trésoriers de France, généraux des finances.

3. Voyez le chapitre *du Mérite personnel*, page 75 (*Il faut en France....*); le chapitre *des Jugements*, p. 382 (*La liberté....*); p. 384 (*Ne faire sa cour à personne....*); etc. — On vivait fort à l'aise dans la famille de La Bruyère. Les quelques documents qui nous restent sur la situation matérielle de l'écrivain nous le montrent sous un aspect assez imprévu et usant,

Il fit bientôt cependant l'abandon d'une liberté si précieuse. Sur la présentation de Bossuet qui, au rapport de Fontenelle, « fournissait ordinairement aux princes les gens de mérite dans les lettres dont ils avaient besoin », le grand Condé chargea La Bruyère d'enseigner l'histoire[1] à son petit-fils, le duc de Bourbon. Nous pouvons le dire sans injustice ni témérité : l'élève était peu digne du maître. « Insolent, brutal même, aimant les grimaces et les puérilités; il ne faisait aucun cas des hommes et des choses qui pouvaient polir son esprit et son caractère[2]. » Du moins était-il intelligent, et Saint-Simon, qui a fait de lui, comme de son père, un portrait peu flatté, nous apprend qu'il conserva toute sa vie « les restes de l'excellente éducation » qu'il devait en partie à La Bruyère.

Averti du mérite de La Bruyère par Bossuet, Condé put entrevoir les solides qualités et les délicatesses rares de son esprit; mais il mourut avant que le maître d'histoire de son petit-fils eût livré le secret de ses méditations solitaires. A Versailles et à Chantilly, la modestie de son rôle, la dignité de son caractère et une certaine gaucherie[3] un peu farouche maintenaient La Bruyère à l'écart. S'il se mêlait à la foule, c'était pour s'y perdre, et pour y étudier à l'aise les personnages dont il devait peindre si admirablement les vices et les ridicules. Il avait pris plaisir à écrire les impressions qu'il recevait des hommes et des choses, notant une à une les réflexions que faisaient naître en lui la lecture qu'il venait d'achever, la conversation qu'il avait entendue la veille, l'impertinence dont il avait été la victime ou le témoin, et tout ce qui, de près ou de loin, attirait son attention. Du fond de son cabinet, il adressait aux courtisans qu'il voyait s'agiter à Versailles, et tout aussi bien aux bourgeois de Paris, dont il avait également appris à connaître les mœurs et le caractère, les sévères leçons de morale et d'honnêteté qu'il puisait dans la plus sage des philosophies. Il distribua bientôt ses réflexions sous un certain nombre de titres, les plaça mo-

lui aussi, des « biens de la fortune ». Il eut, au moins pendant quatre années, ses gens, son carrosse et ses chevaux, dont il partagea la dépense avec son frère Louis. Sa chambre était ornée d'une « tenture de tapisserie de verdure de Flandres », qu'il avait achetée

1100 livres à la vente des meubles de son oncle, Jean de La Bruyère.

1. L'histoire, la géographie et les institutions de la France.

2. Allaire, Journal de La Bruyère dans la maison de Condé. (*Correspondant* de 1875.)

3. Voy. plus loin, p. VIII, notes.

destement, comme une sorte d'appendice, à la suite des *Caractères* de Théophraste, qu'il avait traduits du grec, et les lut à quelques amis. Ils lui mesurèrent les éloges, paraît-il, avec une prudente réserve[1]. Heureusement cette froideur ne découragea pas La Bruyère : il résolut de faire imprimer son manuscrit. Au milieu du siècle dernier, le savant Maupertuis racontait à Berlin de quelle façon La Bruyère remit ses *Caractères* au libraire qui les édita, et l'anecdote mérite d'être conservée.

« M. de La Bruyère, disait-il, venait presque journellement s'asseoir chez un libraire nommé Michallet, où il feuilletoit les nouveautés et s'amusait avec un enfant bien gentil, fille du libraire, qu'il avait pris en amitié. Un jour il tire un manuscrit de sa poche, et dit à Michallet : « Voulez-vous imprimer ceci ? (C'était les *Caractères*.) Je ne sais si vous y trouverez votre compte ; mais en cas de succès, le produit sera pour ma petite amie. » Le libraire entreprit l'édition. A peine l'eut-il mise en vente qu'elle fut enlevée, et qu'il fut obligé de réimprimer plusieurs fois ce livre, qui lui valut deux ou trois cent mille francs. Telle fut la dot imprévue de sa fille, qui fit, dans la suite, le mariage le plus avantageux[2]. »

Imprimé à la fin de 1687, sans nom d'auteur et sous ce titre *les Caractères de Théophraste, traduits du grec, avec les Caractères ou les Mœurs de ce siècle*, le livre fut mis en vente dans le cours de l'année 1088. La première édition ne contenait guère que le tiers de l'ouvrage que nous possédons ; c'étaient les maximes et les réflexions qui y tenaient le plus de place. Très peu de « caractères », très peu de « portraits » : quoi qu'en ait dit plus tard le *Mercure galant*, la malignité du public ne pouvait guère trouver à se repaître en ce petit recueil de « remarques » et de « pensées », où ne paraissait nulle allusion satirique à des personnes particulières. Néanmoins le livre fit un grand bruit ; l'édition s'épuisa vite ; une seconde et une troisième la suivirent de près. Le succès enhardit La Bruyère, et sans jamais abandonner le travail d'incessante revision auquel il

1. Certains passages du chapitre *des Ouvrages de l'Esprit* sont évidemment des ressouvenirs de ces consultations préalables. Voir p. 32 (*L'on devrait aimer....*) ; p. 31-33 (*L'on m'a engagé....*), et les quatre alinéas suivants) ; p. 58 (*Il n'y a point d'ouvrage.... C'est une expérience faite....*), et les notes.

2. Formey, secrétaire perpétuel de l'Académie de Berlin, a rapporté cette anecdote, qu'il tenait de Maupertuis, dans l'un de ses discours académiques.

soumit ses *Caractères* et dont neuf éditions portent les marques[1],
il écrivit de nouvelles réflexions et surtout de nouveaux portraits.
La quatrième édition (1689) reçut plus de trois cent cinquante
caractères inédits ; la cinquième (1690), plus de cent cinquante ;
la sixième (1691) et la septième (1692), près de quatre-vingts
chacune ; la huitième (1694), plus de quarante.

Le duc de Bourbon s'était marié en 1685, et avait cessé de
prendre des leçons d'histoire[2]. La Bruyère cependant n'avait
point quitté la maison de Condé : l'éducation du jeune duc de
Bourbon terminée, il était devenu l'un des gentilshommes[3] de
M. le Duc, qui était le père de son ancien élève, et qui devait,
après la mort du grand Condé, s'appeler M. le Prince[4]. Il put

1. Peu d'auteurs se sont « cor-
rigés » autant que le faisait
La Bruyère. Ni l'impression, ni
même le tirage en feuilles de son
ouvrage n'arrêtait ses retouches.

2. Cette éducation n'avait pas
été pour lui une besogne bien
attrayante. L'élève, nous l'avons
dit, était désagréable et indocile
(cf. p. ii, et plus bas, n. 4) ; de plus,
son grand-père, le grand Condé,
prétendait avoir la haute main sur
son instruction et intervenait assez
souvent pour imposer ses vues au
précepteur. La Bruyère, esprit très
indépendant et assez fier, avait
besoin, comme il l'écrit lui-même
dans une lettre de cette époque,
de « consolation ». — Condé, on
le sait, n'était pas d'une humeur
facile. Voir la fin du portrait que
La Bruyère a tracé de lui sous le
nom d'*Émile*.

3. Il lui resta attaché aussi,
comme le dit l'abbé d'Olivet, en
qualité d' « homme de lettres ». La
Bruyère servait apparemment de
bibliothécaire, et quelquefois aussi
de secrétaire, au duc de Bourbon
et au prince de Condé.

4. Le fils du grand Condé, avec
quelques-unes des brillantes qualités d'esprit de son père, avait
hérité de tous les défauts de caractère de la famille. Il était avare,
jaloux, soupçonneux, violent jusqu'à la cruauté. Mari, il faisait de
sa femme « sa continuelle victime »,
allant jusqu'aux injures et « aux
coups de pied et de poing ». « Maître
détestable », dit Saint-Simon ; il
était, dit Lassay (un de ses gendres), « haï de ses domestiques ».

Quant au duc de Bourbon, l'ancien élève de La Bruyère, son âge
mûr ne démentit pas les tristes
promesses de son enfance. Très
disgracié de la nature, et malin
jusqu'à la « férocité », il ressem-
blait, dit Saint-Simon, à « ces animaux qui ne semblent nés que
pour dévorer et pour faire la
guerre au genre humain ». Ajou-
tons que La Bruyère leur plaisait
peu ; il leur paraissait trop froid,
trop réservé, trop sec. (Cf. p. viii,
notes, et p. xxvi.) L'humeur « bon
enfant » du poète Santeuil, qui, lui,
se montrait fort conciliant sur le
chapitre de la dignité, agréait
mieux à ces maîtres despotes et
bizarres.

donc étudier jusqu'à son dernier jour le spectacle curieux qu'offrait la cour à tout observateur désintéressé, et de plus en plus assuré contre les attaques de ceux qui eussent voulu entreprendre sur sa liberté, il osa plus souvent peindre les gens au milieu desquels il vivait.

La huitième édition (1694) offrit un intérêt particulier. Elle contenait l'excellent discours prononcé par La Bruyère à l'Académie française le jour de sa réception [1], et la préface très acerbe qu'il avait cru devoir y joindre.

Sa candidature à l'Académie avait rencontré d'ardents adversaires, et comment s'en étonner? « Voilà de quoi vous attirer beaucoup de lecteurs et beaucoup d'ennemis », lui avait-on dit, alors qu'il préparait la publication des *Caractères*. Et le livre, en effet, avait aussitôt soulevé de violentes inimitiés, dont le nombre s'était accru chaque jour. Beaucoup de gens ne voulaient y voir, et pour cause, qu'un libelle injurieux. Tous ceux dont la malignité publique, à tort ou à raison, mettait les noms [2] au-dessous des portraits tracés par La Bruyère, tous ceux qui s'étaient sentis secrètement blessés des traits qu'il avait lancés comme au hasard, tous ceux enfin qui avaient quelque chose à craindre d'un écrivain moraliste et satirique à la fois, s'indignaient à la pensée qu'il pût devenir académicien. Les ennemis que La Bruyère avait au sein de l'Académie obtinrent, une première fois, qu'elle donnât raison aux ennemis du dehors. L'auteur des *Caractères* s'étant présenté en 1691 pour succéder à Benserade, la majorité des académiciens lui préféra un auteur de frivoles badinages, Étienne Pavillon, poète aimable et fort à la mode, honnête homme d'ailleurs, qui avait eu la modestie de ne pas se mettre sur les rangs. Une seconde tentative, faite en 1693, fut plus heureuse, et grâce à l'appui chaleureux de Racine, de Boileau, de Regnier-Desmarets, grâce aussi peut-être, s'il faut tout dire, à l'intervention du secrétaire d'État Pontchar-

---

1. Discours qui, comme pièce de critique littéraire, est « aussi digne que celui de Buffon, de prendre l'autorité d'une œuvre classique ». F. Hémon.

2. Ces suppositions, inscrites par leurs auteurs sur la marge des exemplaires des *Caractères*, sont ce qu'on appelle les *Clefs*. Pendant la vie de La Bruyère, elles circulèrent manuscrites; la première Clef imprimée parut probablement en 1697, comme complément à la neuvième édition (1696) des *Caractères*. Les éditeurs du dix-huitième siècle imprimèrent ensuite, en même temps que le livre, ces interprétations qui plaisaient tou-

train [1], La Bruyère fut élu presque à l'unanimité [2]. L'Académie le reçut en même temps que l'abbé Bignon, le 15 juin 1693, dans une séance que présida Charpentier.

Cette séance eut un long retentissement [3]. L'Académie était alors divisée en deux camps : les partisans de la littérature ancienne et les partisans de la littérature moderne. La Bruyère, qui s'était prononcé à l'avance en faveur de l'antiquité classique, fit, dans son discours, l'éloge des premiers et ne loua nominativement parmi les seconds qu'un seul de ses confrères, Charpentier, qui allait prendre la parole après lui et qu'il ne pouvait se dispenser de nommer. Il proclama devant les victimes de Boileau [4] que les vers du satirique étaient « faits de génie » et que sa critique était « judicieuse et innocente » ; ce qui était plus grave, il mit en doute, devant le frère et le neveu de Corneille [5], que la postérité ratifiât le jugement qu'avaient

jours à la malignité des lecteurs, et que les recherches des curieux enrichissaient de temps en temps de nouvelles hypothèses plus ou moins fondées.

1. La Bruyère a déclaré dans son *Discours* qu'il est entré à l'Académie sans avoir fait aucune sollicitation, et il faut l'en croire sur parole ; mais ses amis, du moins, avaient pris à cœur sa nomination. Voir pp. 536-537 et les notes.

2. Deux heures avant la réception, si l'on en croit Boursault, « Messieurs de l'Académie trouvèrent sur leur table » cette épigramme : « *Quand pour s'unir à vous Alcippe se présente, || Pourquoi tant crier haro? || Dans le nombre de quarante || Ne faut-il pas un zéro?* »

3. On en trouve la preuve dans les chansons et les épigrammes du temps, presque toutes défavorables à La Bruyère. Voici quelques échantillons, assez médiocres du reste, de l'esprit des salons qui faisaient la guerre à l'auteur des *Caractères*. « *Les Quarante beaux-esprits ||*

Grâce à Racine ont pris || L'excellent et beau La Bruyère || Dont le discours ne fut pas bon.... || Du dernier, je vous en réponds, || Mais de l'autre, non, non! » — « Avec d'assez brillants traits || Il fit de faux portraits. || Racine au-dessus de Corneille || Pensa faire siffler, dit-on.... || Du dernier, etc. » La comparaison de Racine avec Corneille est ainsi aigrement relevée dans la plupart de ces pièces. On critiqua de même l'éloge que La Bruyère avait fait de Bossuet tandis qu'il gardait le silence sur le compte de l'archevêque de Paris, François de Harlay : « *Le bénigne Bossuet || Est un prélat tout parfait; || Sa personne est un chef-d'œuvre: || Notre Harlay n'y fait œuvre.* »

4. Boyer, Perrault, Régnier, Desmarais, entre autres ; sans compter Cottin, Cassagne, Quinault, Le Clercq, La Mesnardière, morts récemment, devaient encore avoir des amis à l'Académie.

5. Thomas Corneille et Fontenelle.

porté du grand tragique ses contemporains immédiats, se rangeant presque ouvertement parmi ceux qui n'admettaient pas que Corneille fût égal à Racine.

Fontenelle ne dissimula point l'irritation que lui avait causée ce discours, et tenta, mais vainement, d'obtenir qu'il ne fût pas imprimé dans le recueil des harangues académiques. S'associant à la colère de Fontenelle, le *Mercure galant* publia, au sujet de la réception de La Bruyère, une diatribe dont la violence contrastait singulièrement avec les articles de banale admiration qu'il prodiguait d'ordinaire à tout venant. Ce n'était pas seulement, du reste, le soin de la gloire de Corneille qui animait Fontenelle et le *Mercure* contre La Bruyère : l'un avait à se venger de certains traits piquants dirigés[1] contre les défenseurs des Anciens, et qui s'appliquaient assez précisément à lui ; l'autre en voulait à La Bruyère d'avoir été placé par lui *immédiatement au-dessous de rien*[2].

Plusieurs mois après cette séance, La Bruyère répondit aux attaques de ses adversaires par la préface qu'il publia en tête de son discours[3], et, l'année suivante (1694), dans la huitième édition de son livre, il inséra le caractère de *Cydias*, où Fontenelle ne pouvait pas ne point se reconnaître[4]. Quelques jours avant que ne parût la neuvième édition des *Caractères*, qui n'était, sauf quelques retouches sans importance, que la simple répétition de la huitième, le 11 mai 1696, il mourut subitement à Versailles d'une attaque d'apoplexie, laissant inachevés des dialogues sur le quiétisme[5].

---

1. Cf., par exemple, chap. *des Ouvrages de l'Esprit* : « On se nourrit des anciens... », page 31.

2. Voy. le chap. *des Ouvrages de l'Esprit*, pag. 50-51.

3. Voy. de la p. 513 à la p. 524.

4. Voy. pages 148-150, et les notes, où nous aurions dû ajouter (p. 148) le renseignement suivant : « Cydias a « une enseigne, un atelier; » il travaille sur « commande ». Or c'est précisément ce que faisait Fontenelle. Il composa, pour Thomas Corneille, la plus grande partie de *Psyché* et de *Bellérophon*; pour Donneau de Visé, la comédie de *la Comète*; pour Beauval, l'éloge de Perrault; pour Catherine Bernard, une portion de tragédie, des chapitres de romans, et bon nombre de petites pièces en prose et en vers. Pour un certain Brunel, il fit un discours qui, en 1695, remporta le prix à l'Académie française et qui donna ainsi à l'auteur le plaisir de se couronner lui-même; et, enfin, dans mainte occasion, il prépara les discours des magistrats qui s'adressaient à lui.

5. Ami de Bossuet, il n'est pas étonnant que La Bruyère fût au

D'après les témoignages qu'il a recueillis, l'abbé d'Olivet nous représente La Bruyère « comme un homme qui ne songeait qu'à vivre tranquille avec des amis et des livres, faisant un bon choix des uns et des autres; ne cherchant ni ne fuyant le plaisir; toujours disposé à une joie modeste et ingénieux à la faire naître; poli dans ses manières et sage dans ses discours; craignant toute sorte d'ambition, même celle de montrer de l'esprit. » Saint-Simon, qui avait vu souvent La Bruyère, et qui l'appelle « un homme illustre par son esprit, par son style et par la connaissance des hommes », avait reconnu en lui « un fort honnête homme, de très bonne compagnie, simple sans rien de pédant et fort désintéressé[1] ». Et si quelques témoignages contemporains

courant de ces discussions théologiques qui occupèrent vivement l'opinion publique de 1694 à 1696. Après la mort de La Bruyère, il a été publié sous son nom des *Dialogues sur le Quiétisme*, dont l'authenticité a été quelquefois suspectée. L'éditeur, Ellies Dupin, se déclarait l'auteur des deux derniers dialogues; peut-être avait-il remanié en partie les premiers.

[1]. Notons quelques-uns de ces traits qui ne laissent pas que d'être instructifs. Boileau, qui fut l'ami de La Bruyère, écrit de lui en 1687 : « C'est un fort bon homme à qui il ne manquerait rien, si la nature l'avait fait aussi agréable qu'il a envie de l'être. » — « M. de La Bruyère, dit un autre contemporain (Galand), n'était pas un homme de conversation. Il lui prenait des saillies de danser et de chanter, mais fort désagréablement. » Un homme que l'on représente comme bienveillant de caractère, M. de Valincourt, fait de lui au physique un portrait peu flatteur; si nous devons l'en croire, La Bruyère avait l'air bilieux et renfrogné; et il ajoute : « C'était un bon homme dans le fond, mais que la crainte

de paraître pédant avait jeté dans un autre ridicule opposé, qu'on ne saurait définir, en sorte que, pendant tout le temps qu'il est resté dans la maison de M. le Duc, où il est mort, on s'y est toujours moqué de lui. »

La Bruyère paraît avoir été assez facile à blesser. Il était fâché de voir accorder à Santeuil (voy. p. 367-368) l'honneur qu'on ne lui faisait pas à lui-même, d'une place dans le carrosse des Princes. Il est vrai que Santeuil le méritait par ses bouffonneries et ses complaisances. « Monsieur le Prince, ajoute le président Bouhier qui avait été témoin du dépit de La Bruyère, faisait à Santeuil cent niches qu'il prenait fort bien, au lieu que La Bruyère ne s'en serait pas accommodé. »

Rappelons enfin, d'après l'abbé Renaudot, ami et contemporain de La Bruyère, qu'il aimait chaleureusement ses amis, mais qu'il « haïssait » avec non moins de vigueur le prochain qui ne lui plaisait pas.

Ainsi, un vif désir de plaire, une certaine lourdeur assez gauche dans les moments d'enjouement,

sont un peu moins flatteurs, et mettent quelques ombres à ce
portrait, ils sont loin cependant d'entamer en quoi que ce soit
l'honneur et la dignité morale, pas plus que la supériorité et le
mérite intellectuel de l'auteur des *Caractères.*

· Mais c'est dans son livre surtout qu'il faut chercher et étudier La Bruyère. Il s'y montre par excellence l'*honnête homme*
tel que nous le définissons aujourd'hui, et non pas seulement
l'honnête homme tel qu'on le définissait de son temps et que le
comprenait Saint-Simon, c'est-à-dire l'homme instruit et bien
élevé. A travers ces pages où il se peint lui-même en nous li-
vrant sa pensée sur toutes choses, il en est une qui nous introduit auprès de lui dans son cabinet de travail : « O homme impor-
tant et chargé d'affaires, qui à votre tour avez besoin de mes
offices, venez dans la solitude de mon cabinet : le philosophe
est accessible, etc.[1] ». Il faut lire tout le passage et le rappro-
cher du commentaire précieux qu'en a fait l'un des plus mal-
veillants détracteurs de La Bruyère : « Rien n'est si beau que
ce caractère, a dit le chartreux Bonaventure d'Argonne sous le
pseudonyme de Vigneul-Marville; mais aussi faut-il avouer que,
sans supposer d'antichambre ni de cabinet, on avait une grande
commodité pour s'introduire soi-même auprès de M. de La Bruyère
avant qu'il eût un appartement à l'hôtel de.... (Condé). Il n'y
avait qu'une porte à ouvrir et qu'une chambre proche du ciel,
séparée en deux par une légère tapisserie. Le vent, toujours
bon serviteur des philosophes, courant au-devant de ceux qui
arrivaient, et retournant avec le mouvement de la porte, levait
adroitement la tapisserie et laissait voir le philosophe, le visage
riant, et bien content d'avoir occasion de distiller dans l'esprit
et le cœur des survenants l'élixir de ses méditations. » Dom
Bonaventure n'est-il pas un bien maladroit ennemi? Il veut

une susceptibilité irritable même
dans les petites choses, une ardeur
de sentiments très vive : autant
d'éléments de la « complexion morale » de La Bruyère qu'il est in-
téressant de recueillir pour bien
comprendre tout le sens et l'accent
de son livre. Combien, par exemple, les réflexions que La Bruyère
a écrites sur les sots, les mauvais
plaisants, leurs railleries, leurs

pièges et leur indigence d'esprit
(Cf. p. 111, *Rire des gens d'es-*
prit... La moquerie; p. 216, *Quel-*
que profonds....), sur les précautions qu'il faut prendre pour éviter
d'être dupe ou ridicule, deviennent
douloureuses après la révélation
de Valincourt que nous citons plus
haut. — Cf. plus loin, p. xxvi-xxvii.

1. Voyez le chapitre *des Biens*
de fortune, pag. 153-156.

faire de La Bruyère un philosophe ridicule, et voilà dix lignes qui, à défaut d'autre témoignage, eussent suffi à recommander à notre sympathie l'homme qu'il s'est proposé d'amoindrir....

L'œuvre, elle aussi, trouva, parmi les contemporains, des critiques. C'est ainsi que Boileau lui-même, un des amis de l'auteur, lui reprochait de s'être épargné les difficultés des transitions ; mais quel ouvrage régulièrement méthodique sur la morale eût pu valoir les *Caractères* et obtenir le même succès ? Comment d'ailleurs concevoir cet admirable livre sous une autre forme que celle qu'il a reçue ? A ce reproche, que bien d'autres répétaient, La Bruyère opposait « le plan et l'économie du livre », s'efforçant de démontrer que les réflexions qui composent chacun des chapitres s'enchaînent jusqu'au chapitre final, ainsi préparé par tous les autres[1].

On sait avec quelle énergie La Bruyère a protesté contre une accusation plus grave. Ses ennemis, comme nous l'avons indiqué, lui reprochaient d'avoir malicieusement inséré dans ses *Caractères* les portraits satiriques et calomnieux de divers personnages, et l'on se passait de main en main des listes sur lesquelles étaient inscrits les noms de ceux que l'on prétendait avoir reconnus. La Bruyère désavoua hautement toutes les Clefs, et assurément il en avait le droit. Beaucoup de personnes y étaient nommées qu'il n'avait jamais vues, beaucoup d'autres qu'il avait vues et qu'il n'avait pas voulu peindre. S'il lui était arrivé de faire, de propos délibéré, le *caractère* de tel personnage que les circonstances avaient placé devant ses yeux, n'était-il pas, au surplus, libre de garder son secret, et fallait-il qu'il attachât au portrait le nom du modèle ? Ses caractères étaient faits d'après nature, il l'avait dit le premier ; mais, sans nier qu'il eût jamais peint « celui-ci ou celle-là », il assurait qu'il avait le plus souvent emprunté de côté et d'autre les traits dont chaque caractère était formé et qu'il s'était appliqué sincèrement à dépayser le lecteur « par mille tours et mille faux-fuyants[2] »....

---

1. Voy. la préface des *Caractères* et la préface du *Discours à l'Académie française*. La Bruyère, toutefois, avait reconnu, dans le *Discours sur Théophraste*, que son livre était écrit « sans beaucoup de méthode ». Voy. ci-après la *Notice littéraire*, pag. xxxi-xxxv.

2. Quoi qu'en dise La Bruyère dans la préface de son *Discours à l'Académie*, il n'a pas toujours « nommé nettement », et par leurs

Le texte de cette nouvelle édition reproduit celui de l'édition des œuvres complètes publiée par nous dans la collection des Grands Écrivains de la France, de même que les notes historiques et littéraires [1], où nous avons mis à profit les plus récents travaux sur La Bruyère [2], ont été rédigées, pour la plupart, d'après le commentaire développé dont cette édition est accompagnée.

G. SERVOIS.

noms en toutes lettres, les personnes qu'il voulait désigner particulièrement. Il entendait bien, par exemple, que chacun reconnût Chapelain, Corneille, Bossuet, le *Mercure galant*, les partisans, sous les initiales C. P., C. N., L'. de Meaux, le M. G., les P. T. S.

1. Paris, Hachette, 1865-1881, 3 vol. in-8° (y compris la *Notice biographique* et le *Lexique* de MM. Regnier).

2. Les travaux de MM. Walckenaer (1845), Hémardinquer (1849), Destailleur (1861), doivent être mis au premier rang de ceux qui ont rendu plus facile la tâche de quiconque publie de nouveau les *Caractères*. (G. SERVOIS.)

NOTICE LITTÉRAIRE

CARACTÈRES DE LA BRUYÈRE

———

I

« En lisant avec attention les *Caractères* de La Bruyère, il me semble, écrit Suard, qu'on est moins frappé des pensées que du style. » Cette opinion d'un ingénieux critique de la fin du dix-huitième siècle, — qui lui-même s'intéressait principalement, dans les ouvrages de l'esprit, aux finesses du bien dire, — no me paraît pas tout à fait juste; et il me semble (j'y reviendrai plus loin) qu'une étude attentive des Caractères ne nous laisse pas une moins grande estime du penseur que de l'écrivain. Mais ce qu'il y a de vrai dans cette remarque, c'est ceci. A qui n'a pas un goût suffisamment exercé, une délicatesse de sens littéraire assez affinée, il peut arriver de lire une page de Fénelon, de Voltaire, de Bossuet même, avec indifférence, sans surprise, sans être frappé de la perfection de la forme. Avec La Bruyère une telle erreur n'est pas possible. Les plus médiocrement lettrés, les moins perspicaces, s'aperçoivent ici, dès la première vue, qu'ils ont affaire à un artiste « fort ». L'habileté d'écrire est chez lui sensible, palpable, voyante ; elle saisit, elle saute aux yeux. Commençons donc par en parler.

:1. *Notice sur la personne et sur les écrits de La Bruyère* (1781).

2

II

LE STYLE

La qualité la plus aisément remarquable, et aussi, en réalité, la plus foncièrement caractéristique du style de La Bruyère, c'est la variété. Sa pensée prend toutes les formes : elle se resserre en maximes concises, à l'exemple de La Rochefoucauld; elle s'attarde en des énumérations de détails accumulés, comme jadis Aristote et Théophraste, ou dans des dissertations régulières, à la façon de Nicole; elle satisfait le goût des contemporains pour les portraits physiques et moraux [1]; elle imite le dialogue de la comédie; elle rappelle, par ses apostrophes directes au lecteur, les procédés ironiques de Pascal polémiste, et dans des récits, tantôt brefs, tantôt développés, elle a parfois le mérite de faire songer à La Fontaine.

De même que le « paragraphe », la « phrase », elle aussi, est chez lui riche de ressources et prodigue de surprises. Chez la plupart des écrivains, même chez les plus grands, l'expression a ses préférences, ses habitudes, quelquefois ses manies; l'idée va d'elle-même se couler, comme machinalement, dans un moule uniforme et fixe. Au contraire, la phrase de La Bruyère s'ingénie à se ressembler aussi peu que possible à elle-même. Aux faiseurs de traités de rhétorique, les Caractères offrent une mine d'exemples; quelle *figure de mots* ou *de pensée* n'y trouverait-on pas? D'antithèses, de comparaisons, de métaphores, cela va sans dire, La Bruyère en fourmille; mais veut-on des tours plus distingués, des artifices plus compliqués et plus rares? Alliances de mots, syllepses, hyperboles, catachrèses : il a usé de tous ces engins de l'arsenal oratoire.

Et il en va de même de son vocabulaire, qui risque bien d'être, avec celui de La Fontaine et celui de Molière, l'un des trois plus riches du dix-septième siècle. A la langue du seizième, La Bruyère emprunte [2] autant que le lui permet le bon ton, un

---

1. Voy. page 26, note 5. (Pour les renvois, cf. plus haut, p.   , n.   .)
2. *Dru* (p. 31; *recru* (p. 186 et p. 301); *flaquer* (p. 294); *meugler* (p. 337); *pécunieux* (p. 193 et p. 518); *momerie* (p. 217); *improuver* (p. 411 ou plus loin, p.   ); *querelleux* (p. 12, 293, 333); *oraison*

peu exclusif et dédaigneux, des « honnêtes gens » de son époque. Non seulement, par un caprice que Bouhours, j'imagine, devait trouver étrange, il lui arrive d'adopter, dans un paragraphe entier[1], la langue de Montaigne, qu'il juge apparemment plus commode et plus souple à l'expression de certaines de ses pensées; mais ailleurs encore, toutes les fois du moins qu'il le peut sans trop de disparate et sans que l'intrus jure au milieu du contexte, il glisse en sa phrase un de ces vieux mots énergiques, hauts en couleur et « signifiants », qu'on avait honte d'écrire depuis que M. de Vaugelas, M. Coeffeteau, M. d'Ablancourt et les Précieuses avaient épuré et ennobli le langage[2]. Dans le fonds ordinaire de la langue de son temps, il puise avec plus de curiosité et plus de hardiesse que les écrivains châtiés du dernier quart du dix-septième siècle. Il risque des emprunts fréquents aux idiomes techniques, à la langue du Palais, de la théologie, de la chasse, des arts et des métiers[3]. Enfin, lors même qu'ils ne sort pas de la langue proprement littéraire, il s'évertue à la renouveler; il détourne et modifie[4], suivant le précepte d'Horace, les sens usuels et connus; si bien qu'un assez grand nombre d'emplois, essayés par lui seul, sont notés par les dictionnaires comme des ἅπαξ λεγόμενα dans l'histoire de la langue[5]. Bref, c'est un musée que son ouvrage. A qui voudrait exhiber aux yeux d'un étranger, réunies en un

---

(au sens de « discours », p. 211 et p. , ou plus loin, p.); *aventuriers* (p. 126, 201, 240), etc. Seulement La Bruyère, qui est très respectueux, ainsi que la plupart des grands écrivains du siècle, de l'usage consacré, a soin généralement d'imprimer en italiques ces vieux mots, comme aussi, du reste, les néologismes qu'il risque.

1. Voy. p. 134-135, 217-218; et la fin du chapitre *de Quelques Usages*.

2. Il faut reconnaître cependant avec La Bruyère (voy. p. 65, ch. *des Ouvr. de l'Esprit*) qu'entre 1650 et 1690, on « enrichit la langue de nouveaux mots ». Mais il n'en est pas moins vrai que les retranchements opérés à cette époque ne furent

point compensés par les acquisitions; loin de là.

3. En fait de mots théologiques, par exemple, l'*occasion prochaine* (p. 168 et p. 231); *opérer* et *opération* (p. 171 et p. 484); *contemplatif* (p. 411).

4. De *jour à autre* (pag. 438, ou plus loin, p. 478 de l'édition complète); *d'année à autre* (pag. 277, 590); *faire froid* (p. 381); *marcher des épaules* (p. 202); *se rendre sur* quelque chose (pag. 94, 168, 466, 505); *pétiller de goût* (p. 192), etc. Voir le *Lexique de La Bruyère* par M Regnier, dans la collection des *Grands Écrivains de la France*, et la préface de ce *Lexique*.

5. Signalés dans nos notes.

petit volume, les ressources de l'art d'écrire dans le, dix-septième siècle français, La Bruyère paraîtrait sans doute l'auteur
le plus capable d'en donner une honorable idée.

Essayons de nous rendre compte, au moins d'une façon som-
maire, des qualités d'esprit ou des habitudes de composition
que révèle, en l'auteur des *Caractères*, cette abondante variété.

C'est, d'abord, l'imagination. La Bruyère l'a, en effet, très
vivante et très inventive, et il sait en profiter; il ne tient pas
en défiance ce don de sa nature, et parfois il ne s'effraye pas
de lâcher un tant soit peu la bride à « la folle ». Et ceci le distingue de la plupart de nos classiques du dix-septième et du
dix-huitième siècle, ces hommes d'un style si sage, si entière-
ment, si sévèrement, si continûment raisonnable, lors même
qu'ils sont poètes. Il rêve, comme sans doute ils rêvaient, eux
aussi, mais il n'a pas, comme eux, la mauvaise honte de ses
« rêveries ». Il y avait en lui du romancier : la petite histoire
d'Émire [1], tant vantée et qui mérite de l'être, vaut au moins
autant, comme invention, que Segrais, Hamilton, et j'ajouterais
presque Mme de La Fayette. Elle nous montre que, le cas échéant,
il aurait su très habilement faire entrer dans le cadre d'une
aventure dramatique les résultats de son observation du cœur
humain. Mais où perce peut-être encore mieux, ce me semble,
cette veine inemployée, c'est dans quelques ébauches assez ori-
ginales que laisse tomber çà et là, sans en tirer parti, sa plume
de moraliste :

« Ce palais [2], ces meubles, ces jardins, ces belles eaux, vous
« enchantent et vous font récrier d'une première vue sur une
« maison si délicieuse et sur l'extrême bonheur du maître qui
« la possède. Il n'est plus; il n'en a pas joui si agréablement
« ni si tranquillement que vous : *il n'y a jamais eu un jour
« serein, ni une nuit tranquille;* il s'est noyé de dettes pour la
« porter à ce degré de beauté où elle vous ravit. Ses créan-
« ciers l'en ont chassé: *il a tourné la tête et il l'a regardée de
« loin une dernière fois et il est mort de saisissement.* »
« J'approche d'une petite ville [3], et je suis déjà sur une hau-
« teur d'où je la découvre. Elle est située à mi-côte, une rivière

1. Pages 105-107 et la note très   2. Page 178.
juste de Suard.   5. Page 139.

« baigne ses murs et coule ensuite dans une belle prairie; elle
« a une forêt épaisse qui la couvre des vents froids et de l'aqui-
« lon. Je la vois dans un jour si favorable, que je compte ses
« tours et ses clochers; elle me paraît peinte sur le penchant
« de la colline. Je me récrie, et je dis : Quel plaisir de vivre
« sous un si beau ciel et dans ce séjour si délicieux! Je des-
« cends dans la ville, où je n'ai pas couché deux nuits que je
« ressemble à ceux qui l'habitent : j'en veux sortir. »

« L'on ne sait point [1] dans l'île qu'André brille au Marais et
« qu'il y dissipe son patrimoine; du moins s'il était connu dans
« toute la ville et dans ses faubourgs, il serait difficile qu'entre
« un si grand nombre de citoyens qui ne savent pas tous juger
« sainement de toutes choses, il ne s'en trouvât quelqu'un qui
« dirait de lui : *Il est magnifique!* et qui lui tiendrait compte
« des régals qu'il fait à Xante et à Ariston et des fêtes qu'il
« donne à Élamire ; mais il se ruine obscurément; ce n'est
« qu'en faveur de deux ou trois personnes, qui ne l'estiment
« point, qu'il court à l'indigence, et qu'aujourd'hui en carrosse,
« il n'aura pas dans six mois le moyen d'aller à pied. »

On sent dans ces quelques passages, qui ne sont pas les seuls
de ce genre, qu'à propos de l'idée conçue ou de la réalité
observée, le philosophe a laissé partir son imagination sur la
piste ouverte; qu'il s'est amusé à se figurer les circonstances
du fait qu'il exprimait, à en préciser les détails, à en reconsti-
tuer les précédents, à en conjecturer les conséquences. Un peu
poussée, l'esquisse, qui, dans chacun de ces fragments, s'indi-
que à peine, ferait, ce semble, le canevas d'une nouvelle ou le
germe d'un personnage de roman.

Je note même, en passant, que parfois l'imagination de La
Bruyère a des échappées qui surprennent. Quand par exemple
l'auteur des *Caractères* se complaît à imaginer l'*âme d'un sot* [2],
transfigurée par la mort, commençant alors seulement de
penser, de sentir, et en train de naître, tout ébahie, à une
vie nouvelle, voilà, je pense, une de ces conceptions bizarres
qui faisaient appeler La Bruyère, dans son monde, « un fou tout
plein d'esprit »; mais n'est-ce pas aussi l'ébauche piquante
d'une espèce de fantaisie psychologique dont Swift ou Edgar
Poë ne désavoueraient pas l'invention?

1. Page 187. | 2. Page 557.

A cette ingéniosité créatrice s'ajoute, chez La Bruyère, un autre don d'artiste qui la seconde et qui l'achève : je veux dire la perception concrète des choses, le flair des ressemblances matérielles, le discernement heureux des réalités pittoresques, dont l'adjonction à la formule abstraite d'une idée, fortifie cette idée, l'éclaire et en assure l'impression.

« Il faut avoir trente ans[1] pour songer à sa fortune; elle « n'est pas faite à cinquante; on bâtit dans sa vieillesse et l'on « meurt *quand on en est aux peintres et aux vitriers.* »

« L'on ne se rend point[2] sur le désir de posséder et de « s'agrandir : *la bile gagne* et la mort approche qu'*avec un* « *visage flétri et des jambes déjà faibles,* l'on dit : Ma fortune... « mon établissement.... »

On citerait mille exemples de cette habileté de La Bruyère à trouver la couleur « réelle » qui permet à l'idée pure de faire, pour ainsi dire, la même sensation sur l'esprit, la même violence à l'intellect, que fait sur l'œil la matière aperçue. Contentons-nous ici d'indiquer un des endroits où le passage successif de l'idée à l'image, le va-et-vient du raisonnement à la peinture, s'accusent avec un relief particulier :

« Si les pensées[3], les livres et leurs auteurs dépendaient des « riches et de ceux qui ont fait une belle fortune, quelle pro- « scription! Il n'y aurait plus de rappel[4]. »

Voilà la conception originaire sous sa forme abstraite. Voici le développement confirmatif qui, déjà, commence à tourner au tableau :

« *Quel ton,* quel ascendant ne prennent-ils pas sur les sa- « vants! *Quelle majesté n'observent-ils pas à l'égard de ces* « *hommes chétifs,* que leur mérite n'a ni placés ni enrichis et « qui en sont encore à parler judicieusement! Il faut l'avouer : « le présent est pour les riches, et l'avenir pour les vertueux et « pour les habiles. *Homère est encore et sera toujours; les rece-* « *veurs de droits, les publicains ne sont plus; ont-ils été? Leur* « *patrie, leurs noms sont-ils connus?* »

1. Page 166.   3. Page 169.
2. Page 168.   4. Pas moyen d'en appeler.

Et partant de cette indication, le développement de la double
idée de ce passage recommence par une suite de traits pittoresques :

« *Que sont devenus ces importants personnages qui mépri-*
« *saient Homère, qui ne songeaient, dans la place, qu'à l'éviter,*
« *qui ne lui rendaient pas le salut, ou qui le saluaient par son*
« *nom, qui ne daignaient pas l'associer à leur table, etc.* »

Où ce talent s'exerce surtout, cela va sans dire, c'est dans
ces portraits de personnages (réels ou fictifs, peu nous importe) qui eurent, au dix-septième siècle, un tel succès de
curiosité maligne[1], et qui, maintenant encore, attirent à eux de
préférence les lecteurs désireux surtout d'être amusés. La
Bruyère, dans son *Discours sur Théophraste*[2], dit que ce qui
distingue sa propre manière de celle du moraliste grec, c'est
qu'il s'est « plus appliqué aux vices de l'esprit, aux replis du
cœur, et à tout l'*intérieur de l'homme* », tandis que Théophraste
donne plus d'attention « aux choses *extérieures* ». Distinction
en un sens très juste, sans doute, mais qui ne va pas, fort
heureusement, jusqu'à induire La Bruyère à se cantonner or-
gueilleusement dans une psychologie perpétuelle. Loin de là :
les plus connus, les plus parfaits de ses « Caractères » ont un
corps, un visage, et les traits de leur personne physique sont
au moins aussi soigneusement dessinés que ceux de leur nature morale. Bornons-nous à rappeler, parmi tant d'autres, ce
Phédon[3], type   immortel du pauvre homme mécontent, au
squelette malingre, au teint bilieux, au visage sec : Balzac n'aurait certes pas mieux incarné ce personnage triste et grotesque,
mais Henri Monnier ou Gavarni en eussent-ils mieux crayonné
la caricature ?

Ce goût de *peindre juste* va même, chez La Bruyère, jusqu'à
ce que des critiques modernes ont pu appeler, sans trop d'exa-
gération, une espèce d'*audace naturaliste*. Ce qu'il y a de sûr,
c'est que La Bruyère recherche, nous l'avons déjà remarqué[4],
le mot technique, et que, même familier et trivial, il l'accepte.
Or rappelons-nous que notre auteur n'appartient plus à cette
période du dix-septième siècle où ce mérite, avec Corneille,

---

1. Cf. *supra*, p. x.
2. Page 15.

3. Page 179.
4. Voy. plus haut, p. xiv-xv.

Pascal et Molière, n'était pas rare, où la simplicité la plus franche paraissait encore compatible avec la grandeur. La Bruyère est d'une génération plus raffinée, plus délicate, plus timorée; il est le contemporain de Racine, de Boileau, de La Motte, de Fontenelle; Massillon va venir, et c'est la date à partir de laquelle une phraséologie vague et conventionnelle deviendra le bon ton de la langue littéraire. Il est donc assez remarquable qu'il pousse encore, pour sa part, dans la précision jusqu'où le demande la vérité la plus vraie. Il parle de *boue*, là même où la *fange* serait encore assez expressive [1]; il ne se contente pas de rappeler que le charpentier *fend* du bois, ce qui ne dérogerait pas trop au style noble; il ajoute qu'il le *cogne* [2]. Il descend jusqu'aux mots grossiers, presque sales. Si, déjà, Giton et Phédon éternuent, toussent et crachent, le portrait de Gnathon [3] offre en sus des détails qui ont choqué les éditeurs pudiques; et, de fait, on dirait qu'il y a dans ce réalisme comme l'affectation un peu fanfaronne d'un plaisant qui, par gageure, veut scandaliser une compagnie de collets-montés. Ne louons pas, je le veux bien, La Bruyère d'avoir décrit une ou deux fois avec une exactitude minutieuse ce qu'il appelle lui-même des « malpropretés dégoûtantes »; mais, d'une façon générale, reconnaissons en lui ce grand mérite de n'être pas allé chercher des périphrases qu'il avait assez d'esprit pour trouver, et qu'un purisme exagéré commençait d'exiger autour de lui. Par cette loyauté courageuse de l'expression dans la recherche du détail pittoresque, La Bruyère se rapproche de La Fontaine et de Saint-Simon, dont il est si dissemblable [4] à tant d'autres égards.

Notons une dernière qualité, à laquelle le style de La Bruyère doit sa diversité et sa richesse : je veux dire le soin minutieux de la construction de la phrase. Toujours l'agencement des mots et des propositions est ordonné chez lui en vue d'un double but : d'abord de modeler aussi exactement que possible chaque phrase sur le mouvement même de la pensée qu'elle exprime; et, secondement, de produire, aussi puissamment que possible, par le moyen de chaque proposition, un effet précis

---

1. Les *Caractères* offrent quatre exemples du mot *ordure*, pag. 48, 170, 262. Cf. p. 516.

2. Page 352.
3. Page 328.
4. Voy. pag. xxıı-xxıı.

et distinct. Tous les procédés d'inversion, d'interrogation, de répétition, d'énumération, de syllepse, que La Bruyère emploie à cet effet, ce n'est pas à nous de les étudier ici ; chaque ligne de son livre en offrira au lecteur attentif quelque exemple. Que l'on observe seulement d'un peu près les commencements et les fins de ses phrases : on y pourra toucher du doigt le double effort d'expression que nous venons de signaler. Ainsi, pour la façon vive, piquante, imprévue de terminer l'énonciation d'une idée et, à cet effet, de faire attendre et de dérouter d'abord le lecteur, le savoir-faire de La Bruyère est admirable. On en connaît l'exemple classique :

« Il s'est trouvé des filles [1] qui avaient de la vertu, de la
« santé, de la ferveur et une bonne vocation ; mais qui n'étaient
« pas assez riches pour faire dans une riche abbaye vœu de
« pauvreté. »

« Ce dernier trait, dit avec raison Suard, rejeté si heureuse-
sement à la fin de la période pour donner plus de saillie au
contraste, n'échappera pas à ceux qui aiment à observer dans
les productions des arts les procédés de l'artiste. » Et il se
plaint, non moins judicieusement, de ce que « les modernes
négligent trop ces artifices que les anciens recherchaient avec
tant d'étude. » Et, en effet, est-il défendu, de tirer de la langue
dont on use tout ce qu'elle peut donner ? Est-ce de la vaine
rhétorique, que cette culture plus exigeante et plus creusée
de l'expression en vue de la forcer à rendre le *maximum* d'effet
possible ? La Bruyère, sur ce point, s'est justifié lui-même. « S'il
donne quelque tour [2] à ses pensées, c'est moins par une vanité
d'auteur que pour mettre une vérité qu'il a trouvée dans tout
le jour nécessaire pour faire l'impression qui doit servir à son
dessein. »

Telles sont les principales qualités dont la coopération donne
au style de La Bruyère cette abondance inépuisable qui semble
toujours avoir en réserve des moyens nouveaux pour frapper
ou amuser l'imagination, pour attirer ou retenir l'attention du
lecteur. Quant aux défauts de cette manière, ce sont, comme
il arrive toujours, des excès. Tantôt La Bruyère s'oublie dans

1. Page 431 (ci-après, p. 43). | 2. Page 43.

cette fabrication d'expressions qui ne coûte guère à son imagination, et, dans de certains endroits, il y a redondance et verbiage[1]. Tantôt son amour pour le détail qui peint se trompe sur l'effet, sérieux ou comique, d'une image piquante; et de là une faute de goût, qui nous choque, comme nous choquent parfois les plaisanteries moins heureuses d'un homme de trop d'esprit[2]. Ailleurs enfin, l'auteur des *Caractères* est dupe de sa louable ambition de rendre l'expression aussi conforme que possible à l'objet pensé. Il voit tous les aspects d'une idée, tous les éléments qui constituent un fait moral, toutes ses conséquences et tous ses motifs et comme tout cela se tient dans la réalité, il ne voudrait pas rompre et déchirer en l'exprimant cet ensemble vivant et complexe; il se travaille donc à combiner sa phrase de façon à ne rien isoler et que tout y entre; mais l'effort de l'artiste vient se briser contre le génie de la langue et les lois de la construction française, qu'on ne peut tourner indéfiniment et violenter outre mesure; si bien que, de ce travail de concentration concise sort une phrase emmêlée, ténébreuse, lourde ou d'allure prétentieuse[3].

Et ceci nous amène à définir l'impression générale que produit et que laisse le style de La Bruyère. C'est une impression de *travail*. Bien rares sont chez lui les endroits où l'on subisse l'effet captivant, le charme exquis de la nature naïvement éloquente[4]. « Entre toutes les différentes expressions qui

---

1. Par exemple, pag. 172-173 : « Nous ne sommes point mieux flattés, mieux obéis, plus suivis, plus entourés, plus cultivés, etc. » Je vois bien là l'effet d'accumulation que l'auteur veut produire; mais les mots qu'il entasse sont médiocrement significatifs. — Comparez un peu plus loin la phrase : « C'est comme une musique qui détonne, » etc.

2. Cf. les jeux de mots sur le mot *fortune* (p. 176, l. 14), sur le mot *poli* (p. 199, l. 22), sur le mot *élever* (p. 498, l. 11), sur le mot *rare* (p. 155, l. 17). On peut noter aussi comme tours d'une ironie douteuse (p. 163) : « Fuyez, retirez-vous, » etc.;

(p. 225) : « Qui est plus esclave... »; (p. 148, l. 18) : « Si l'on continue de parler... »; (p. 393-394):« Je tombe en faiblesse... pour me ranimer », etc.

3. Cf. p. 237, l. 4 : « Ironie forte, » etc. (la fin de la phrase); — p. 250 : « Le prince n'a point... » ; — p. 267: « Il s'assied, » etc.(la fin de la phrase); — p. 272 : « Il fait courir un bruit faux, » etc.

4. Comme, par exemple, dans cette phrase souvent citée : « Il n'y a rien qui rafraîchisse le sang comme d'avoir su éviter de faire une sottise. » Même dans des passages où l'accent personnel et sincère est le plus visible et où la phrase, par conséquent, eût dû,

peuvent rendre une seule de nos pensées, il n'y en a qu'une qui
soit la bonne. Tout ce qui ne l'est pas est faible, et ne satisfait
pas un homme d'esprit qui veut se faire entendre [1]. » C'est lui
qui le déclare, et, assurément, dans son livre, ces expressions
adéquates et parfaites abondent; mais on sent trop souvent
qu'elles ne sont pas contemporaines de la pensée qu'elles
expriment, qu'elles n'ont pas éclos de prime abord avec elles,
qu'elles n'ont pas été, comme on disait au dix-septième siècle,
rencontrées [2]. Elles sont *trouvées*; elles sont un résultat, une
conquête; elles sont le produit artificiel d'une élaboration pré-
paratoire. Et l'effet de cette production qui parfois, sans doute,
était laborieuse, persiste et se trahit. Quelque habile que soit
l'artiste à dissimuler le passé et l'échafaudage de sa phrase,
elle garde, trop souvent, de l'effort d'où elle est sortie, je ne
sais quelle contraction peineuse, un air un peu fané, une sorte
de ride au visage. Elle n'a pas la fraîcheur des choses sponta-
nées. Si heureuse, si parfaite qu'elle soit, ou plutôt qu'elle
soit devenue, il manque neuf fois sur dix, à cette perfection,
à ce bonheur, cette fleur de grâce aisée ou de force facile qui
fait les très beaux styles. Et voilà pourquoi (puisqu'il faut bien
que toute critique, si elle veut juger, aboutisse à un discernement et à une hiérarchie) La Bruyère doit être mis, quoi qu'on
en ait dit, au-dessous des premiers prosateurs de notre âge
classique, au-dessous de Bossuet, de Mme de Sévigné, de Molière, de Saint-Simon et de Fénelon même. La facilité est un
don gratuit de la nature, il est vrai, et un privilège qui n'a
rien de méritoire; mais dont cependant la primauté souveraine
doit être toujours réservée. Il convient d'honorer la patience,
de l'imiter surtout, mais, sans croire, en dépit de Buffon, que,
si longue soit-elle, elle se puisse jamais confondre avec le génie.
Et du reste, la part n'est pas si mauvaise, pour ces écrivains
du second rang, parmi lesquels la justice oblige de ranger La
Bruyère. Car ils sont plus instructifs que les très éminents;

ce semble, couler de source, on
sent qu'elle a été maniée et re-
maniée : « Bien des gens... parmi
les habiles » (p. 31); « S'il donne
quelque tour à ses pensées... à
son dessein » (p. 43). Je ne dis
pas que ces phrases soient foncè-
rement mauvaises, ni même mé-

diocres; mais je dis que sous la
plume de Bossuet, de Fénelon,
de Pascal, ou même de La Rochefoucauld, elles eussent pris
une autre allure, plus ferme, plus
franche.

1. Page 33.
2. Cf. pages 38, 481, 515, 516.

leurs défauts, plus visibles, sont moins dangereux; leur excellence est plus accessible et n'a rien pour décourager, par
cela même qu'elle est moins le fruit de la nature que du
travail.

III

LA PENSÉE ET LA COMPOSITION DANS LES *CARACTÈRES*

Un livre de morale peut être instructif à divers titres. Ou
bien par l'utilité universelle et durable des vues qu'il nous
présente sur le cœur humain; ou bien par l'intérêt historique
des renseignements qu'il nous fournit sur la portion et sur le
moment de l'humanité que l'auteur a pu connaître; ou bien
enfin par ce qu'il nous apprend de personnel sur cet auteur lui-
même.

Tous les moralistes, et spécialement tous nos moralistes,
français n'ont pas ce triple attrait. Montaigne par exemple, si
bavard sur lui-même et, avec cela, si profondément humain,
parle fort peu de son milieu et de son temps, dont il aime
du reste à s'abstraire. La Rochefoucauld, très clairvoyant sur
l'amour-propre indéracinable de l'homme, s'interdit de laisser
voir le sien et s'abstient avec une soigneuse discrétion de toute
révélation qui le compromette. Duclos, plus curieux des choses
qui passent qu'attentif aux « choses éternelles », fait moins un
livre de morale didactique qu'une histoire morale de son
époque. Les *Caractères* de La Bruyère me paraissent être un
des rares ouvrages de moraliste, où la réflexion philosophique,
le document historique et la confidence personnelle se mêlent
heureusement ensemble, pour notre instruction et pour notre
agrément.

Et d'abord il est assez facile d'y découvrir l'homme sous
l'auteur. Non pas assurément que La Bruyère y raconte sa vie
en termes exprès et y expose ouvertement son « moi »; cette
façon dévoilée, que la tolérance du public encourage aujour-
d'hui, d'entretenir les lecteurs de soi-même, n'était pas goûtée
au dix-septième siècle. Il n'était permis alors qu'aux auteurs
de *Mémoires* de se mettre en scène publiquement, et La Bruyère
respecte la distinction des genres. Si donc il nous parle de lui,

c'est indirectement; ses confessions gardent une réserve pudique; ses épanchements se déguisent sous une forme impersonnelle et générale; mais détours et réticences ne font du reste que rendre la confidence plus piquante, sans empêcher le lecteur clairvoyant d'apercevoir, presque à chaque page des *Caractères*, bien des jours entr'ouverts et sur le genre de vie et sur l'âme même de leur auteur. Les contemporains de La Bruyère nous ont sobrement renseignés touchant sa personne; mais j'ose dire que son livre y supplée et ne laisse à notre curiosité que peu de chose à désirer.

Sans relever ici tous les traits qui, dans les seize chapitres, pourraient contribuer à former un portrait moral de La Bruyère, je veux seulement montrer comment sa conduite et son attitude, au milieu du grand monde où il vit, nous sont aussi clairement marquées dans son ouvrage qu'elles pourraient l'être dans des *Mémoires* proprement dits. L'état d'âme habituel de La Bruyère, — on l'a dit souvent et fortement[1], — c'est la tristesse et l'amertume. Il souffre de sa condition subalterne[2]; il frémit sous cette domesticité déguisée qu'il a acceptée, briguée peut-être; il est froissé d'une façon continue par les contacts quotidiens qu'elle lui impose avec les hommes de cour et les grands. Car il est, et il le sait, leur inférieur; il leur doit l'obéissance et le respect; et pourtant quand il se compare à eux soit pour l'esprit, soit pour le cœur, il ne se sent à leur égard que du mépris.

Il n'est pas envieux, sans doute, il a l'âme trop haute pour convoiter les « biens de fortune » et il a trop de finesse pour être dupe de la noblesse; mais il voit tous les jours, de ses yeux, les avantages réels que la fortune et la naissance confèrent à ceux qui les possèdent, l'avance qu'elles leur donnent dans la vie, et que le mérite, sans elles, risque de demeurer obscur et impuissant. Il s'explique douloureusement, par ce double obstacle, pourquoi il a percé si tard; et il se démontre avec amertume qu'il ne pourra percer que bien peu. Il a la con-

---

1. Voyez, en particulier, Taine, *Nouveaux Essais de critique et d'histoire*, p. 43. L'éminent critique va même peut-être un peu loin, en parlant de « mélancolie incurable », de « tristesse épanchée au plus profond de l'âme », etc. Rien ne serait plus faux que de s'imaginer La Bruyère comme un « désespéré » romantique ou pessimiste.

2. Voir spécialement les chapitres du *Mérite personnel*, des *Biens de Fortune*, de la *Ville*, de la *Cour* et des *Grands*.

science nette, aiguë, de cette irrémédiable fatalité qui pèse sur
les obscurs et les déshérités, et qui les enchaîne à leur sort;
de là une irritation ardente et à peine contenue, contre ceux
aux pieds desquels il se croit lui-même condamné à rester,
quoi qu'il fasse. Dans ces moments d'aigreur violente, et, du
moins en ce qui le regarde, excessive[1], tout l'exaspère; l'air
de supériorité que tout ce monde garde et a le droit légal
de garder à son endroit, le mortifie; leur politesse, souvent
outrageante sans le vouloir, le blesse encore plus; mais ce qu'il
veut éviter surtout, c'est leur familiarité. Il sait, en effet, la
malignité des grands[2], « leur extrême pente à rire aux dépens
d'autrui », sans qu'il soit permis de leur rendre la pareille ni
d'user contre eux de tout son esprit. Que faire donc si l'on
veut conserver le seul bien qui vous reste : la dignité; si l'on
veut n'être pas un jouet, un « plastron », un valet, comme on
est un « domestique » ? Il faut se défendre et tenir ses maîtres
à distance par la froideur et la roideur. Ne pas « s'apprivoi-
ser », voilà le secret de l'honneur du sage à la cour. Et cependant on est homme et sociable; cette réserve continue, ce
« quant-à-soi » perpétuel, où il faut se guinder et se cram-
ponner, est pénible. Aussi arrive-t-il à La Bruyère de regretter
tant de contrainte. Si les grands voulaient, comme ils pourraient tirer plus de plaisir et d'utilité de cet « homme d'esprit »
que la fortune, qui les gâte, a mis près d'eux! Car cette « bile »,
cette « complexion dure et épineuse » qu'il affecte, n'est pas de
sa nature; il n'était pas né ainsi; ce sont les déceptions, les
mauvais procédés, rudes et brutaux, qui l'ont aigri; il est facile,
complaisant, il a le désir de plaire, et si l'on prenait la peine
de le rassurer et de le reconquérir, il pourrait « se tourner
en mille manières agréables et réjouissantes[3] ».

Il y a sans doute, dans ces regrets de La Bruyère, une
espèce de contradiction. Pourquoi, s'il méprise les grands, —
et nous verrons tout à l'heure jusqu'où va ce mépris, et com-

---

1. Car La Bruyère, somme toute,
n'a pas été beaucoup à plaindre;
son état de fortune paraît avoir été
suffisant (p. I, n. 3), et s'il eût été
moins sensible à la critique (voy.
p. VII, et les notes), il aurait pu
jouir plus paisiblement de son
grand succès d'auteur.

2. Page 246 : « Quelque profonds... » et p. 312 (Timon).

3. Page 209 : « L'on est né quelquefois avec des mœurs faciles, de
la complaisance, tout le désir de
plaire... », et page 246 : « Le plaisir
qu'ils pourraient tirer d'un homme
d'esprit... ».

bien il est réfléchi, motivé, — pourquoi regretter de n'être pas
plus avant dans leur intimité? De fait La Bruyère n'est pas trop
conséquent sur ce point. Ce satirique si clairvoyant et si énergique, ce rude flagellateur des vices et de la corruption élégante,
se plaît cependant au milieu de la cour et de la noblesse, mieux
que partout ailleurs, mieux qu'à « la ville » surtout[1], qu'il dé-
teste. C'est encore à la cour qu'il y a, non pas sans doute plus de
cœur et d'honnêteté, du moins[2] plus de politesse, de civilité,
de bon goût, de justesse d'esprit, et de sentiment des conve-
nances[3]; c'est encore là qu'il fait le meilleur vivre à l'homme
de talent qui n'a ni fortune ni ancêtres; c'est là qu'on essuie le
moins d'arrogance, et que même, parfois, on se voit le mieux
apprécié. Ces gens-là, tout fiers, tout personnels qu'ils sont, ont
gardé le secret d'être aimables[4]; un sourire d'eux, une louange
fine et flatteuse, fait passer sur bien des rancunes et guérit
bien des blessures. Personne des hommes d'autrefois n'a mieux
parlé que La Bruyère de « ces dehors agréables et caressants[5] »
que quelques courtisans, et surtout les femmes, « ont naturellement pour un homme de mérite, *et qui n'a même que du mérite* ». Et par ce que nous savons d'ailleurs[6], il n'est pas malaisé
de s'imaginer à quel point il devait être sensible à ces « dehors».
Mais de tous ces aveux ne voit-on pas ressortir clairement son
attitude à la cour? Censeur impitoyable dans le secret du cabinet, il avait des indulgences dans le commerce de la vie; sa
raideur voulue, « civile et cérémonieuse », ne demandait pas
mieux que de se détendre et elle devait parfois s'oublier à
sourire. La Bruyère a beau corriger le *Misanthrope* de Molière
et remplacer Alceste par Timon[7] : il est Alceste lui aussi; il se
laisse enjôler par quelques-uns des êtres égoïstes, corrompus
et charmants qui font souffrir son amour-propre et gronder sa
morale. Il a lui aussi ses faiblesses, et la cour est sa Célimène.

L'intérêt historique des *Caractères* n'est pas moindre. Ce
n'est pas apparemment pour son compte que La Bruyère a

---

1. Page 192 : « Paris, pour l'ordinaire le singe de la Cour... ».
2. P. 257 : « À la Cour, à la ville... ».
3. Page 192 (*ibid.*) et p. 251 :
« Les princes, sans autre science... »;
p. 146 : « un pays qui est le centre

du bon goût... »; p. 200 : « Un homme
d'un génie élevé... ».
4. Page 211 : « Une froideur... »
5. Page 192.
6. P. viii, n. 1.
7. Page 312.

exprimé la plainte souvent citée : « Un homme né chrétien et français se trouve contraint dans les grands sujets[1]. » Nul écrivain, je ne dis pas au dix-septième siècle, mais même au dix-huitième, ne s'est moins *contraint* que lui sur les abus. De ses pensées sur l'ancien régime, réunies, on ferait un réquisitoire politique et social. Nous ne pouvons ici qu'en relever quelques traits.

Les courtisans, les grands, j'ai déjà dit qu'il les méprise. Mais il faut voir comment ce mépris s'exprime et par quels arguments il se justifie. Ce n'est pas ici l'invective obligée, traditionnelle, classique du philosophe de tous les temps contre les grandeurs vaines qui ne reposent pas sur la vertu. Ici ces sentiments prennent une couleur particulière, appropriée à la nation française et à ce moment précis du dix-septième siècle. La Bruyère ne s'emporte pas; il analyse froidement, précisément, scientifiquement les motifs de haine que, vers 1690, au milieu des souffrances et de la misère croissantes, un bon citoyen croit avoir contre les grands qui environnent le prince.

Ces griefs se peuvent résumer à deux. D'abord les grands sont « malfaisants ». Par leurs richesses, par leur crédit auprès du prince, par leur état de dépositaires d'une partie de la puissance publique, ils ont souvent l'occasion de faire du bien; ils en ont rarement — (jamais, dit ailleurs La Bruyère) — la volonté. Ils sont, par contre, « capables de très grands maux », et s'ils ne les accomplissent pas toujours, c'est que les occasions leur manquent. Voilà pourquoi ils sont « odieux aux petits »; voilà pourquoi ils « leur sont responsables de leur obscurité, de leur pauvreté et de leur infortune »; — ou du moins, « ils leur paraissent[2] tels », ajoute La Bruyère : restriction timide et qui laisse assez voir que l'opinion des « petits » ne lui semble pas si mal fondée. Et cette idée des grands, considérés comme une puissance mauvaise, comme une sorte de fléau fatal, emprunte une énergie singulière à la forme sous laquelle La Bruyère la présente : il compare successivement ces hommes, si prodigieu-

1. Page 68 et note 3.
2. Page 244 : « Les grands sont odieux », etc. Cf. p. 256 : « Nous avons contre les grands... »; p. 257 : « Si les grands ont les occasions... »;

p. 249-250 : « Se louer d'un grand... »; p. 247 : « Il semble d'abord qu'il entre... »; p. 257 : « Les grands se piquent... »; p. 248 : « Le suisse » (fin de la phrase).

sement élevés, par leur rang ou par leurs fonctions, au-dessus
du vulgaire, avec ce vulgaire même, avec cette bourgeoisie
qu'ils dédaignent et avec ce peuple qu'ils oppriment. Et de cette
confrontation exacte il résulte aux yeux du moraliste que la
cour ne vaut pas mieux que la ville, et même, en fin de compte,
qu'elle vaut moins. Méditez, entre autres, les passages suivants : c'est du Jean-Jacques Rousseau ; aussi impitoyable que
l'auteur du *Contrat social*, La Bruyère, qui a vu les choses de
plus près, est plus mordant peut-être et plus précis :

« Tous les dehors du vice y ont spécieux (à Versailles ou à
« Fontainebleau, c'est-à-dire à la cour), mais *le fond y est le*
« *même que dans les conditions les plus ravalées;* tout le bas,
« tout le faible et tout l'indigne s'y trouvent. Ces hommes si
« grands ou par leur naissance, ou par leurs dignités, ces têtes
« si fortes et si habiles, ces femmes si polies et si spirituelles,
« *tous méprisent le peuple, et ils sont peuple*[1]. »

« Qui dit le peuple dit plus d'une chose; c'est une vaste
« expression et l'on s'étonnerait de voir ce qu'elle embrasse et
« jusques où elle s'étend. Il y a le peuple qui est opposé aux
« grands; c'est la populace et la multitude; *il y a le peuple qui*
« *est opposé aux sages, aux habiles et aux vertueux : ce sont*
« *les grands comme les petits*[2]. »

« Un homme du peuple ne saurait faire aucun mal; un grand
« ne veut faire aucun bien et est capable de grands maux. L'un
« ne se forme et ne s'exerce que dans les choses qui sont utiles;
« l'autre y joint les pernicieuses. Là se montrent ingénûment la
« grossièreté et la franchise; *ici se cache une sève maligne et*
« *corrompue sous l'écorce de la politesse*. Le peuple n'a guère
« d'esprit et *les grands n'ont point d'âme;* celui-là a un bon fond
« et n'a point de dehors; ceux-ci n'ont que des dehors et qu'une
« simple superficie. Faut-il opter? *Je ne balance pas, je veux être*
« *peuple*[3]. »

Mais ce n'est pas seulement leur méchanceté nuisible qui
discrédite les grands à cette heure : c'est leur inintelligence,
leur paresse, leur inertie. « Ames oisives, sur lesquelles tout

1. Pages 257-258.
2. Page 259.
3. Pages 215-216: « Si je compare | ensemble les deux conditions des
hommes les plus opposées... ». Cf.
p. 257 : « A la Cour, à la ville... ».

fait d'abord une vive impression; une chose arrive; ils en
parlent trop; bientôt ils en parlent peu; ensuite ils n'en parlent
plus et ils n'en parleront plus.... Ne leur demandez ni correc-
tion, ni prévoyance, ni réflexion, ni reconnaissance, ni récom-
pense[1]. » Ils sont nuls. Et si l'on n'a pas assez de ce passage où
La Bruyère écrase les grands sous sa pitié dédaigneuse, qu'on
lise celui-ci, et que l'on dise si jamais, au dix-septième siècle
ou même plus tard, on a plus clairement aperçu et plus fortement dénoncé l'abdication volontaire de la noblesse, se désinté-
ressant des grandes affaires, se retranchant elle-même du corps
de l'État comme un membre inutile, et cédant la place à de
nouveaux venus qui, sortis d'au-dessous d'elle, passent déjà
par-dessus sa tête :

« Pendant que les grands négligent de rien connaître, je ne
« dis pas seulement aux intérêts des princes et aux affaires
« publiques, mais à leurs propres affaires; qu'ils ignorent l'éco-
« nomie et la science d'un père de famille, et qu'ils se louent
« eux-mêmes de cette ignorance; qu'ils se laissent appauvrir
« et maîtriser des intendants; qu'ils se contentent d'être gour-
« mets ou *coteaux*, d'aller chez Thaïs ou chez Phryné, de parler
« de la *meute* et de la *vieille meute*, de dire combien il y a de
« postes de Paris à Besançon ou à Philisbourg; des *citoyens*
« s'instruisent du dedans et du dehors d'un royaume, étudient
« le gouvernement, deviennent fins et politiques, savent le fort
« et le faible de tout un État, songent à se mieux placer, se
« placent, s'élèvent, deviennent puissants, soulagent le prince
« d'une partie des soins publics. Les grands, qui les dé-
« daignaient, les révèrent; heureux s'ils deviennent leurs
« gendres[2] ! »

Si l'on rapproche de ces observations d'une perspicacité si
pénétrante nombre d'autres passages bien connus : la satire extrêmement hardie des « Partisans »[3], de leurs vols, de leurs concus-

---

1. Page 238 : « Les grands se
gouvernent par sentiment... » Page
256 : « On ne tarit point sur les
Pamphiles;... muets et embarrassés
avec les savants, etc. » *Pamphile*
n'est pas, il est vrai, un grand d'o-
rigine authentique; mais il y en

avait tant comme lui, que ce qu'en
dit La Bruyère peut s'appliquer
aux grands en général.

2. Page 245. Cf. p. 111 : « Quand
un courtisan... » et p. 351 : « Le
noble de province.... »

3. Pages 150-161.

sions, de leur avidité monstrueuse et de leur inexorable cruauté; — les cris de pitié que la misère navrante du peuple des campagnes arrache plus d'une fois[1] à La Bruyère; — les appels si touchants, dans leur ingénieux et naïf déguisement, qu'il adresse à Louis XIV, dans le chapitre *du Souverain*, en faveur de cette paix réparatrice après laquelle halète la nation épuisée[2]; on n'aura pas de peine à se convaincre que le livre des *Caractères*, vu par un certain côté, est un vrai document d'histoire et d'une valeur très haute; et l'on jugera que La Bruyère a eu l'honneur de donner publiquement l'exemple à ces courageux avocats de la misère sociale dans la fin du dix-septième siècle : Racine, Vauban, Boisguillebert, Fénelon.

Quant à la portée psychologique et morale de la pensée de La Bruyère, elle n'a pas toujours satisfait les philosophes de profession. Voici les réserves qu'exprime M. Taine : « ... La Bruyère n'apporte aucune vue d'ensemble, ni en morale, ni en psychologie. Remarquez qu'on pouvait le faire sans composer de traité systématique. Montaigne, La Rochefoucauld, Pascal, n'ont point ordonné de séries de formules abstraites; et cependant ils ont une manière originale de juger la vie; chacun d'eux voit les actions humaines par une face qu'on n'avait pas encore aperçue. Si on les interroge, ils présentent chacun un corps d'idées liées et précises sur la fin de l'homme, sur son bonheur, sur ses facultés et sur ses passions.... La Bruyère au contraire ne découvre que des vérités de détail ;... ces vues éparses ne le conduisent pas à une idée unique; il tente mille sentiers et ne fraye pas de route; de tant de remarques vraies, il ne forme pas un ensemble[3]. »

La remarque est très juste, et j'y souscris volontiers à condition que l'on n'en fasse point, comme ici, un reproche à La Bruyère. Non, La Bruyère n'a pas de système, mais il faut observer d'abord que cette absence de vues générales tient à la nature même de son livre, si toutefois les *Caractères* peuvent

---

1. Page 167 : « Il y a des misères... »; p. 161 : « Ce garçon si frais... »; p. 332 : « Il faut des saisies... » et « L'on voit certains animaux... »; p. 325 : « Le destin du vigneron.... »

2. Page 276: « Hommes en place...

(la fin du paragraphe); p. 277 : « C'est un extrême bonheur... »; p. 278-281 : « Que sert en effet au bien des peuples... » jusqu'à : « Il y a peu de règles générales... »; p. 282 : « Si c'est trop... », etc.

3. Ouvrage cité, p. 45.

être appelés de ce nom. Car un livre est un tout organique,
composé sur un plan méthodique d'après une conception pri-
mordiale dont le développement régulier, depuis le point de
départ jusqu'au point d'arrivée, s'ordonne rigoureusement. Et
les *Caractères* ne sont point cela.

Je sais bien que La Bruyère lui-même, comme s'il eût prévu
le reproche que les penseurs modernes lui adressent, s'avisa
un jour de découvrir — ou de s'imaginer qu'on avait décou-
vert — dans son ouvrage cette pensée maîtresse qui en faisait
la secrète unité. « Un grand nombre de personnes sérieuses et
pieuses ont aperçu », dit-il, « le plan et l'économie du livre
des *Caractères.* » « De seize chapitres qui le composent, il y en
a quinze qui, s'attachant à démontrer le faux et le ridicule qui
se rencontrent dans les objets des passions et des attachements
humains, ne tendent qu'à ruiner tous les obstacles qui affaiblis-
sent d'abord et qui éteignent ensuite, dans tous les hommes,
la connaissance de Dieu ; ainsi ils ne sont que des préparations
au seizième et dernier chapitre, où l'athéisme est attaqué et
peut-être confondu[1]. »

Mais est-il besoin de dire que l'examen le plus attentif de
l'ouvrage ne saurait confirmer cette manière de le considérer?
La Bruyère s'y montre chrétien, sans aucun doute, et un chrétien fervent qui, lorsque l'occasion s'en présente, défend avec
conviction ses croyances et attaque vivement l'incrédulité ; mais
il n'en est pas moins vrai qu'en dehors du dernier chapitre,
les idées proprement religieuses se présentent rarement à son
esprit. Il eût été bien empêché, je pense, de montrer par quel
biais les chapitres *des Ouvrages de l'Esprit*, ou *du Mérite personnel*, ou *du Souverain*, ou *de Quelques Usages* se rattachent
au chapitre *des Esprits forts*, et le *préparent*. On voit malaisé-
ment en quoi les boutades contre l'Opéra et le *Mercure galant*,
ou le portrait de Ménalque, ou l'histoire d'Émire et de Zénobie,
ou le tableau du métier de diplomate, sont des acheminements
à la connaissance de Dieu, à l'idée du salut et à la conversion
des pécheurs. Dans cette interprétation fantaisiste, à laquelle,
du reste, l'auteur n'a songé qu'après coup[2], il ne faut évidemment voir ou bien qu'une de ces illusions rétrospectives, comme
les écrivains s'en font parfois naïvement sur le sens inaperçu
de leurs œuvres, ou bien, tout simplement, — et ceci est plus

---

1. Page 517. | 2. Cf. page x, note 1.

probable, — l'habileté d'un auteur obligé de se défendre contre deux sortes d'ardents ennemis [1]. Les uns, en effet, feignaient de se scandaliser, au nom de la religion et de la morale [2], d'une œuvre qui, selon eux, était toute de médisance et de calomnie; les autres, obligés de reconnaître que La Bruyère avait réussi à se distinguer à son tour dans ce genre de pensées détachées où La Rochefoucauld lui avait montré la route, se revanchaient à soutenir qu'il eût été incapable de composer un ouvrage suivi [3]. La Bruyère, très vivement piqué par cette double critique, n'est pas fâché d'apprendre à ceux-ci que nombre de lecteurs avaient démêlé, sous cette forme fragmentaire et décousue, « une certaine suite insensible »; — à ceux-là surtout il était heureux de fermer la bouche en s'attribuant un dessein d'apologétique orthodoxe et d'édification chrétienne.

La vérité est qu'il n'y a point de plan dans les *Caractères*, point de lien, point d'unité, et qu'il ne pouvait pas y en avoir,

---

1. Voir toute la *Préface*, très acerbe, mais très curieuse, *du Discours de réception à l'Académie*; ce *Discours* lui-même, la *Préface* des *Caractères*, et presque tout le chapitre *des Ouvrages de l'Esprit*, où abondent les allusions de La Bruyère à son œuvre et aux critiques qu'on lui adressait.

2. Voyez, par exemple, les insinuations fielleuses du *Mercure galant* (dans son article de juin 1693) sur la réception de La Bruyère à l'Académie française. Il accuse La Bruyère d'avoir « voulu faire réussir son livre à force de dire du mal de son prochain...; voie plus sûre que celle de la modération et des louanges pour le débit d'un ouvrage.... On court acheter en foule ces sortes de livres... par le désir empressé qu'on a de voir *le mal que l'on dit d'une infinité de personnes distinguées*. » Quand parurent les *Caractères*, prétend le journaliste, chacun s'empressait

de se les procurer au plus tôt, « *de peur que le libraire n'eût ordre d'en retrancher la meilleure partie.* » Puis il déclare avec componction que, quelque vogue que la satire procure, « il se trouve peu d'auteurs qui veuillent embrasser ce parti », qui « coûte fort cher à la gloire, à l'honnête homme et *aux bonnes mœurs.* » Et ne sait-on pas du reste que la satire « *fait souffrir la piété du Roi* » et qu'un « ancien recommandable dans l'Église ordonne d'attaquer ces sortes d'ouvrages. »

3. « L'ouvrage de M. de La Bruyère ne peut être appelé livre que parce qu'il a une couverture et qu'il est relié comme les autres livres. Ce n'est qu'un amas de pièces détachées, qui ne peut faire connaître si celui qui les a faites aurait assez de génie et de lumières pour bien conduire un ouvrage qui serait suivi. » *Mercure*, ibidem.

vu la façon dont l'ouvrage fut composé. Il ne faut pas croire
évidemment qu'à un moment donné, La Bruyère, sur le conseil
de ses amis, décidé à devenir auteur, s'est mis à penser son
livre et à l'écrire ; mais il ne faudrait pas croire, non plus,
qu'ayant accumulé depuis longtemps des pensées et des observations diverses, il y a fait un choix méthodique, et n'a retenu,
pour les publier, que celles qui se rapportaient à un dessein
particulier, à un sujet donné ; — non, ce que nous avons ici,
c'est, selon toute apparence, le recueil entier de ses observations et de ses réflexions ; ce sont, si l'on peut dire, ses cahiers
de notes journalières.

Non pas sans doute, cela s'entend, sous leur forme originaire
et de premier jet : La Bruyère était bien trop artiste pour consentir à présenter au public ses conceptions dans ce simple
appareil et sans leur faire toilette ; — mais je veux dire qu'après
les avoir une à une ciselées et polies, il s'est borné à les grouper,
selon leurs rapports, sous certains titres larges et commodes ;
sans prétendre ni les aligner dans un ordre rigoureux, ni les
faire entrer dans un cadre étroit, en vue de la démonstration
précise d'une vérité unique. Et ce qui le prouve bien, c'est
que ce classement n'a rien de définitif. Telle pensée a pu, dans
les différentes éditions, voyager sans inconvénient à travers
plusieurs chapitres[1], et l'on rencontre dans les *Biens de fortune* ou dans le *Mérite personnel* des portraits et des maximes
que l'on s'attendrait aussi bien à trouver dans le chapitre *de
l'Homme*.

Et cette particulière formation de son ouvrage nous explique
comment il n'y a pas chez lui de vues systématiques ni d'idées
générales. S'il y en a dans l'ouvrage de La Rochefoucauld et
dans celui de Montaigne, c'est que ni l'un ni l'autre n'offre une
telle dispersion de matières, une telle variété d'observations ;
— c'est que ni l'un ni l'autre, non plus, n'a été composé de la
même façon. Les *Maximes* sont très évidemment un livre voulu,
prémédité, disposé dans un arrangement réfléchi en vue de
plaider une thèse préconçue, par un auteur qui élimine tout ce

1. C'est ainsi, entre autres trans-
positions, que la dernière réflexion
du chapitre *de la Société* figurait
primitivement dans celui *du Mérite
personnel*. De même les réflexions
suivantes : « Le favori n'a point de
suite... », « Une belle ressource... »
(chap. *du Souverain*) terminaient,
dans les premières éditions, le chapitre *de la Cour*.

qui ne sert pas à son dessein; — et dans les *Essais* eux-mêmes,
malgré leurs apparentes divagations, il ne serait pas malaisé
de montrer une préoccupation dominante qui fait la secrète
unité de l'œuvre de Montaigne. La Bruyère, lui, n'a pas proprement composé son ouvrage; son ouvrage *s'est fait* successivement. Il écrit, au jour le jour, sous la dictée de l'expérience; il suit ses observations partout où elles le mènent,
sans parti pris d'avance de choix ou d'exclusion, sans diriger
ni limiter ses investigations, sans s'interdire ni s'assigner
aucun sujet; puis, il se contente de ranger dans un ordre
approximatif sa riche collection d'impressions diverses et de
faits de toute espèce; son « livre » à lui n'est que le classement
général, pour la commodité de la lecture, de ces souvenirs
très variés d'un long voyage d'exploration à travers toute la
société de son pays.

J'ajoute que si cette absence de vues personnelles, « liées et
précises », sur les problèmes fondamentaux de la vie humaine,
empêche de ranger La Bruyère parmi les philosophes proprement dits, elle n'est pas sans avoir ses avantages. Car qu'est-ce
qu'un système, après tout, dans toute science, sinon une syn-
thèse artificielle, une classification forcément étroite, — puisqu'elle est le fait d'une seule intelligence, — d'un nombre
nécessairement limité aussi de faits et d'idées? Et, en morale,
que sont ces séduisantes théories d'un La Rochefoucauld, d'un
Pascal, ou même d'un Montaigne, sinon la pensée, — la fantaisie, — d'un homme s'imposant arbitrairement à l'immense
variété des phénomènes de l'âme humaine, qu'elle prétend en-
serrer et expliquer? Or si ces conceptions hardies de la nature
et de la destinée de l'homme peuvent nous éblouir un instant
et nous paraître d'abord le dernier mot de la science et la
clef de tous les mystères, elles vieillissent vite et cèdent la
place à des interprétations différentes et à des hypothèses nouvelles. Il en résulte que ceux-là ont peut-être plus de chance
de toucher et d'intéresser plus longtemps les hommes, qui se
sont modestement contentés de les étudier, non de haut, mais
de près, de les représenter avec fidélité, de leur offrir d'eux-
mêmes une image exacte et franche. Et c'est le cas de La
Bruyère. Il ne s'est inquiété ni de diriger ses expériences en
vue d'une thèse conçue à l'avance, ni de coordonner ensuite ses
observations et ses pensées en les ramenant à une théorie conçue après coup; mais à quoi bon? Ce qui nous intéresse main-

tenant dans les moralistes d'autrefois, ce ne sont guère leurs doctrines personnelles, que souvent nous pouvons ne plus partager, et qui sont de l'histoire; — ce sont les vues toujours justes et d'un intérêt toujours opportun qu'ils nous ont laissées sur le fonds permanent de l'homme. A ces constructions aventureuses et peu durables La Bruyère a préféré (soit de propos délibéré, soit que sa nature ne lui permit pas autre chose) l'investigation modeste, mais sûre, des phénomènes prochains et visibles de la vie morale; au lieu de se hasarder à l'induction toujours périlleuse des causes profondes et des lois générales, qui sont peut-être l'inconnaissable, il a mieux aimé enrichir son trésor de faits, étendre le cercle de ses expériences, et nous livrer, sans y ajouter un « système » de son cru, les résultats de ses enquêtes. C'est moins sublime, mais plus utile; moins métaphysique, mais plus scientifique à la fois et plus pratique. Osons dire qu'il a eu raison.

Ce qui importe bien autrement, à notre sens, c'est de savoir si, dans l'observation de l'homme moral, il a porté l'acuité investigatrice, la justesse pénétrante et légère que cette enquête, si souvent recommencée, exige. Il faudrait, pour répondre à cette question, analyser, apprécier, une à une, les réflexions contenues dans quelques pages des *Caractères*. Cet examen, que nous ne pouvons instituer ici, c'est affaire aux lecteurs curieux de s'en charger eux-mêmes en y mettant tout ce qu'ils peuvent avoir d'honnêteté, de bon sens, de franchise et (ce qui est parfois plus difficile à fournir) d'expérience. Nous croyons, pour notre part[1], qu'à l'épreuve la plus approfondie la psychologie des

1. Il faut citer ici tout au long ce jugement d'un contemporain de La Bruyère, Bussy-Rabutin, un de ces gentilshommes lettrés du dix-septième siècle, dont le goût était si exquis et la plume si légère. « La Bruyère est entré plus avant que Théophraste dans le cœur de l'homme; il y est même entré plus délicatement et par des expressions plus fines. Ce ne sont pas des portraits de fantaisie qu'il nous a donnés; il a travaillé d'après nature, et il n'y a pas une description sur laquelle il n'ait eu quelqu'un en vue. Pour moi, qui ai le malheur d'une longue expérience du monde, j'ai trouvé à tous les portraits qu'il a faits des ressemblances peut-être aussi justes que ses propres originaux. Au reste, monsieur, je suis de votre avis sur la destinée de cet ouvrage, que, dès qu'il paraîtra, il plaira fort aux gens qui ont de l'esprit, mais qu'à la longue il plaira encore davantage. Comme il y a un beau sens enveloppé sous des tours fins, la révision en fera sentir toute la délicatesse. »

Caractères est assez solide pour résister, et que, si l'on veut refaire, après l'auteur, ses expériences, on doit confesser que dans l'extrême complexité des âmes, il a, presque toujours, vu assez loin et très juste.

C'est qu'il regardait bien; et je veux au moins attirer ici l'attention sur une qualité rare de la pensée de La Bruyère : j'entends cette aisance mobile avec laquelle il sait se placer à des points de vue différents pour considérer un même fait et scruter une seule idée.

Il y a des esprits très perspicaces, très profonds même, mais raides. Ils voient une chose d'un seul coup, incapables après de compléter ou de modifier ce premier regard, et de percevoir le fait ou l'idée sous un angle différent. Leur vision est unique et figée. La Bruyère n'est pas de ceux-là.

Voici, parmi les preuves nombreuses qu'on en pourrait donner, comment d'un même fait il sait apercevoir excellemment les deux conséquences contraires :

« *La disgrâce*[1] *éteint les haines et les jalousies.* Celui-là peut
« bien faire, qui ne nous aigrit plus par une grande faveur; il
« n'y a aucun mérite, il n'y a sorte de vertus qu'on ne lui par-
« donne; il serait un héros impunément. »

« *Rien n'est bien d'un homme disgracié*; vertus, mérite, tout
« est dédaigné, ou mal expliqué, ou imputé à vice; qu'il ait un
« grand cœur; qu'il ne craigne ni le fer, ni le feu, qu'il aille
« d'aussi bonne grâce à l'ennemi que Bayard et Montrevel, c'est
« un bravache; on en plaisante; il n'a plus de quoi être un
« héros. »

Voici une autre suite de réflexions, où la même pensée est envisagée tour à tour par des faces très voisines, mais pourtant différentes :

« Vous dites d'un grand[2] ou d'un homme en place qu'il est
« prévenant, officieux, qu'il aime à faire plaisir; et vous le con-
« firmez par un long détail de ce qu'il a fait en une affaire où
« il a su que vous preniez intérêt. Je vous entends; on va pour
« vous au-devant de la sollicitation; vous avez du crédit, vous

1. Page 377. | 2. Pages 249-250.

« êtes connu du ministre, vous êtes bien avec les puissances,
« désiriez-vous que je susse autre chose? »

« Quelqu'un vous dit : « Je me plains d'un tel; il est fier
« depuis son élévation, il me dédaigne, il ne me connaît plus. »
« Je n'ai pour moi, lui répondez-vous, sujet de m'en plaindre;
« au contraire, je m'en loue fort, et il me semble même qu'il
« est assez civil. » Je crois encore vous entendre : vous voulez
« qu'on sache qu'un homme en place a de l'attachement pour
« vous, et qu'il vous démêle dans l'antichambre entre mille
« honnêtes gens de qui il détourne ses yeux.... »

« Se louer de quelqu'un, se louer d'un grand : phrase déli-
« cate dans son origine, et qui signifie sans doute se louer soi-
« même, en disant d'un grand tout le bien qu'il nous a fait ou
« qu'il n'a pas songé à nous faire. »

« On loue les grands pour marquer qu'on les voit de près,
« rarement par estime ou par gratitude. On ne connaît pas sou-
« vent ceux que l'on loue; la vanité ou la légèreté l'emporte
« quelquefois sur le ressentiment. On est mal content d'eux et
« on les loue. »

Ce ne sont pas là, qu'on y prenne garde, de simples répétitions, c'est la notation délicate de nuances réelles. L'intelligence de La Bruyère est agile et insinuante; et son métier
d'observateur a fortifié sans doute en lui ces aptitudes natives.
L'attention aux choses extérieures et la réflexion sur nos propres
idées sont pour l'esprit une sorte de gymnastique qui l'assou-
plit, le rompt, le disloque. La raison, dressée à cet utile ma-
nège, apprend à ne se pas contenter de la façon dont le hasard
lui a fait d'abord apercevoir un objet; elle éprouve tout aussitôt l'envie curieuse d'en faire le tour, de le tâter de tous biais,
de se porter successivement aux différents sommets d'où elle
peut en considérer les multiples aspects et les couleurs chan-
geantes.

IV

Et ceci nous fait toucher du doigt le mérite éminent de
l'œuvre de La Bruyère : l'*utilité*. Par le style, comme par la
pensée, son ouvrage est, pour employer une de ses expressions,

« un livre de *ressource* [1] », et je dirais volontiers des *Caractères*, à l'égard du fond, ce que j'en ai dit au sujet de la forme [2]. La Bruyère n'est pas un écrivain de la première marque, mais c'est pourtant un de ceux chez qui la forme est la plus profitable à étudier, la plus *classique*, la plus *pédagogique*. La Bruyère n'est pas un penseur des plus originaux et des plus hardis; mais il est un de ceux chez qui le fonds est le plus instructif, un des plus appropriés à l'usage des hommes, et, particulièrement, des jeunes gens.

A cet âge où l'esprit s'éveille à la curiosité des êtres et des choses, où le désir nous prend de connaître ceux qui nous entourent et le besoin de les juger, la lecture de La Bruyère, « à petites doses [3] », — car il faut s'appliquer pour être sûr de le bien comprendre, — peut être éminemment salutaire.

En ceci, tout d'abord, que le jeune homme y trouve, toute faite, une ample provision d'observations et de jugements, qui, appliqués par lui suivant les occasions, au milieu où il se trouve, pourront suppléer heureusement aux insuffisances de son expérience propre. La lecture de La Bruyère le fera vivre par avance et anticiper sur l'avenir. Et l'on peut se fier aux enseignements et aux renseignements qu'il puisera dans les *Caractères*. La Bruyère est un guide sûr, le plus sûr peut-être de nos moralistes. Car Montaigne, c'est au fond l'insouciance de ce qui n'est pas le seul problème qui l'effraye, celui de la douleur et de la mort; La Rochefoucauld a la sécheresse maligne d'un viveur désabusé; Nicole est trop monastique et trop triste; Vauvenargues, trop replié sur lui-même, sans compter qu'il n'a pas eu le loisir de beaucoup apprendre et de beaucoup voir. La Bruyère, malgré sa tristesse, n'est pas chagrin ni pessimiste; s'il a la haine du mal, il a l'amour et la foi du bien; son livre même, en qui il espère pour rendre quelque service aux hommes [4], est un témoin de ses illusions généreuses. Et, de plus, il possède ces deux grandes qualités d'âme, auxquelles, en

1. Page 22 et note 4.
2. Pages xxiii-xxiv.
3. « Peu à la fois et souvent : suivez la prescription, et vous vous en trouverez bien pour le régime de l'esprit. » Sainte-Beuve. — Lord Chesterfield, ce type du *gentle-man* philosophe et de l' « honnête homme » pratique, conseillait à son fils la lecture assidue des *Caractères*.
4. Voy., entre autres passages, p. 43 : « Le philosophe consume sa vie... », etc.

fin de compte, il faut toujours en revenir ; il est sensible et il
est bon[1].

Mais, outre ces acquisitions fructueuses et cette substantielle
récolte qu'ils peuvent faire dans son livre, les jeunes gens y trou-
veront un profit encore plus précieux : je veux dire l'exemple
et le modèle de l'analyse psychologique et morale. Faites de
La Bruyère votre lecture ordinaire, suivant le conseil de Sainte-
Beuve, — et, sans vous en douter, vous prendrez, à son école,
l'habitude de décomposer en vous-même ces impressions grosses
et sommaires que font sur nous les hommes et les choses et
qu'un esprit inexercé garde telles quelles ; — l'habitude de vous
rendre compte en creusant une idée jusqu'au fond, de sa justesse ou de sa fausseté, et de tirer d'une idée vraie toute la
substance et tout le suc ; — l'habitude enfin de vous observer,
vous-même et les autres, et de n'être dupe, ni chez eux, ni chez
vous, des innombrables vanités ou des hypocrisies de toute forme
que l'on se plaît souvent à dissimuler, et au prochain, et à soi-
même, sous de plus beaux noms. Il ne s'agit pas, bien entendu,
de devenir des « psychologues », ni de viser aux subtiles finesses
d'une anatomie du cœur humain, dont on n'aurait que faire
pour l'usage de la vie ; non sans doute, mais on n'a pas encore
démontré que la vieille science de soi-même soit devenue inutile
aux générations nouvelles. Et j'ajoute qu'avec la nécessité qui
s'impose de plus en plus aux jeunes gens de beaucoup apprendre,
ce que doivent rechercher ceux qui ont quelque souci du développement normal et sain de leur intelligence, c'est de la
préserver de devenir un magasin ; c'est d'en stimuler l'énergie
investigatrice ; c'est de ne pas laisser s'atrophier chez eux ces
aptitudes, heureusement nationales, à la pénétration, à l'ingéniosité, à l'approfondissement sérieux et délicat des choses. Or

---

1. Voy. plus haut, p. xxx, n. 3 ;
cf. p. 316 : « Il semble qu'aux âmes
bien nées... » (une pensée très
ingénieuse et délicate) ; p. 302 et
303 : « L'on n'entend dans les places, etc... », et presque tout le
chapitre *du Cœur*. (Pensées sur
l'amitié, p. 108-111 ; p. 112 : « Il
devrait y avoir dans le cœur des
sources inépuisables de douleur... » ; p. 113 : « C'est assez
pour soi d'un fidèle ami, etc.... » ;
p. 120 : « L'on est plus sociable et
d'un meilleur commerce par le
cœur que par l'esprit, etc.... » ;
jusqu'à la fin du chapitre.) « Il y a
quelquefois de la sécheresse dans
le tour et dans le style de La
Bruyère ; il n'y en a point dans son
caractère. Sa philosophie est aus-
tère et en même temps sympathi-
que. » Hémardinquer.

à cette excitation fécondante de la réflexion, à cette éducation active de la pensée, je ne sais guère d'auteur qui soit plus propre que La Bruyère[1].

A. RÉBELLIAU.

1. Voici la liste des principales études dont La Bruyère a été l'objet : La Harpe, *Cours de Littérature*, 2ᵉ partie, livre II, ch. III; — D'Olivet, *Éloge de La Bruyère* (1729); — Suard, *Notice sur La Bruyère*, 1781 (se trouve dans le tome II de ses *Mélanges de littérature* et dans plusieurs éditions classiques : Hémardinquer, Chassang, etc.); — Victorin Fabre, *Éloge de La Bruyère*, couronné par l'Académie en 1810; — Chateaubriand, *Génie du Christianisme*, 3ᵉ partie, livre II, ch. V; — Sainte-Beuve, plusieurs articles de dates différentes dans les *Portraits littéraires*, les *Lundis* et les *Nouveaux Lundis* (le plus ancien de ces articles est de 1836; le dernier, de 1866); — Caboche, *La Bruyère*, thèse de doctorat, 1844; — Walckenaer, *Étude et Remarques sur La Bruyère et son livre*, dans l'édition des *Caractères* publiée en 1845; — J. d'Ortigues, *La Bruyère et M. Walckenaer* (*Revue indépendante* de 1848; cf. *Journal des Débats*, mars et avril 1862); — Silvestre de Sacy, *Variétés morales et littéraires* (articles de 1845 et 1855); — Hémardinquer, le commentaire très littéraire de son édition des *Caractères* (1849), plusieurs fois rééditée; — Taine, *Nouveaux Essais de Critique et d'Histoire*, 1865 (article de 1854); — Vinet, *Moralistes des* xviᵉ *et* xviiᵉ *siècles*, 1859; — Destailleur, notice de son édition des *Caractères* de 1861; — G. Servois, la *Notice* de l'édition des *Grands Écrivains*, 1865, résumée ci-dessus; — Prévost-Paradol, *Moralistes français*, 1865; — Damien, *Étude sur La Bruyère et Malebranche*, 1866; — Fournier, *La Comédie de La Bruyère*, 1866, 2 vol.; — Ch. Asselineau, notice de son édition des *Caractères*, 1871; — L. Lacour, notice de son édition des *Caractères*, 1879; — E. Allaire, *La Bruyère dans la maison de Condé*, 1887, 2 vol.; — M. Pellisson, *La Bruyère*, 1892.

Pour le commentaire grammatical nous avons utilisé, outre les travaux indiqués ci-dessus, p. xi, n. 3, par M. Servois, les éditions classiques plus récemment publiées par MM. Labbé, Chassang, d'Hugues, etc. Dans ces notes sur la langue de La Bruyère, nous avons principalement visé à montrer en quoi, dans les mots et les constructions qu'il emploie, il se conforme à l'usage de son temps ou s'en éloigne. A cet effet, nous avons employé spécialement les Dictionnaires de la fin du dix-septième siècle : le Dictionnaire de Richelet, dont la première édition est de 1680; celui de Furetière (1690); celui de l'Académie française (1694); les principaux ouvrages de critique grammaticale publiés depuis Vaugelas jusqu'à Bouhours (voy. page 38, note 8); le *Dictionnaire* de Littré, le *Lexique de la langue de Corneille*, de M. Godefroy, le *Lexique de Molière*, de F. Génin, les travaux de MM. Jacquinet, Lebarq et les nôtres sur la langue de Bossuet, et les *Lexiques* de La Rochefoucauld, de Mᵐᵉ de Sévigné et de La Bruyère même, publiés par différents auteurs, sous la direction de M. Ad. Regnier, dans la collection des *Grands Écrivains* (A. RÉBELLIAU).

DE QUELQUES USAGES

Il y a des gens qui n'ont pas pas le moyen d'être nobles[1].

Il y en a de tels que, s'ils eussent obtenu six mois de délai de leurs créanciers, ils étaient nobles[2].

Quelques autres se couchent roturiers[3] et se lèvent nobles.

Combien de nobles dont le père et les aînés sont roturiers !

¶ Tel abandonne son père qui est connu, et dont l'on cite le greffe ou la boutique, pour se retrancher sur son aïeul, qui, mort depuis longtemps, est inconnu et hors de prise. Il montre ensuite un gros revenu, une grande charge, de belles alliances ; et, pour être noble, il ne lui manque que des titres.

¶ *Réhabilitations*, mot en usage dans les tribunaux, qui a fait vieillir et rendu gothique celui de *lettres de noblesse*[4], autrefois si français et si usité. Se faire réhabiliter suppose qu'un homme, devenu riche, originairement est noble, qu'il

---

1. Secrétaires du roi. (*Note de La Bruyère.*) — Cette annotation de La Bruyère disparut à la cinquième édition. Les offices de secrétaire du roi n'étaient pas les seuls, en effet, qui rendissent nobles ceux qui les achetaient, et la preuve en est que La Bruyère lui-même prit le titre d'écuyer lorsqu'il eut acheté une charge de trésorier des finances.

2. Vétérans. (*Note de La Bruyère.*) — Les conseillers du Parlement et de la cour des Aides qui, après vingt ans d'exercice, obtenaient des lettres de noblesse, se nommaient *vétérans*. La Bruyère leur applique également la réflexion suivante.

3. *Roture* (*ruptura*, dans le latin du moyen âge) désigna d'abord un champ défriché par le soc, d'où un héritage de vilain (homme des champs, *villanus*). D'où *roturier* signifia *vilain*.

4. C'est par les *lettres de noblesse* qu'étaient anoblis les roturiers ; on ne devait, en principe, se servir du mot de *réhabilitation* que dans les cas où une famille noble, après dérogeance, était rétablie dans sa noblesse.

est d'une nécessité plus que morale[1] qu'il le soit; qu'à la vérité, son père a pu déroger ou par la charrue, ou par la houe[2], ou par la malle[3], ou par les livrées[4]; mais qu'il ne s'agit pour lui que de rentrer dans les premiers droits de ses ancêtres, et de continuer les armes de sa maison, les mêmes pourtant qu'il a fabriquées, et tout autres que celles de sa vaisselle d'étain[5]; qu'en un mot, les lettres de noblesse ne lui conviennent plus; qu'elles n'honorent que le roturier; c'est-à-dire celui qui cherche encore le secret de devenir riche[6].

¶ Un homme du peuple, à force d'assurer qu'il a vu un prodige, se persuade faussement qu'il a vu un prodige. Celui qui continue de cacher son âge pense enfin lui-même être aussi jeune qu'il veut le faire croire aux autres. De même, le roturier qui dit par habitude qu'il tire son origine de quelque ancien baron ou de quelque châtelain, dont il est vrai qu'il ne descend pas, a le plaisir de croire qu'il en descend.

¶ Quelle est la roture[7] un peu heureuse et établie à qui il manque des armes, et dans ces armes une pièce honorable, des suppôts, un cimier, une devise, et peut-être le cri de guerre[8]? Qu'est devenue la distinction des casques et des

---

1. *Plus que morale.* C'est-à-dire, qu'il n'est pas seulement conforme à la raison, à la logique, qu'il n'est pas seulement « moralement » nécessaire qu'il le soit; mais que cela est *matériellement nécessaire.*

2. Instrument aratoire. On laboure les vignes avec la houe.

3. Panier des merciers colporteurs.

4. Par la livrée qu'il avait portée comme domestique.

5. Armes qui sont de son invention et qui n'avaient point servi à marquer sa vaisselle, lorsqu'elle était d'étain et non d'argent.

6. « Mais quand un homme est riche, il vaut toujours son prix, ‖ Et l'eût-on vu porter la mandille (petit manteau de laquais) à Paris, ‖ N'eût-il de son vrai nom ni titre ni mémoire, ‖ D'Hozier lui trouvera cent aïeux dans l'histoire. » Boileau, *satire* v, 115 et suivants.

7. Voy p. 1, n. 3.

8. Le *cri de guerre* ou *cri d'armes,* encore plus que les suppôts, le cimier, etc., était l'indice d'une très vieille noblesse. — Les figures héraldiques se divisent en pièces *honorables* ou de premier ordre, et en pièces *moins honorables* ou de second ordre. — Les *supports* ou *suppôts* sont des figures (anges,

heaumes [1]? Le nom et l'usage en sont abolis; il ne s'agit plus de les porter de front ou de côté, ouverts ou fermés, et ceux-ci de tant ou de tant de grilles; on n'aime pas les minuties, on passe droit aux couronnes; cela est plus simple : on s'en croit digne, on se les adjuge. Il reste encore aux meilleurs bourgeois une certaine pudeur qui les empêche de se parer d'une couronne de marquis, trop satisfaits de la comtale : quelques-uns même ne vont pas la chercher fort loin, et la font passer de leur enseigne à leur carrosse [2].

¶ Il suffit de n'être point né dans une ville, mais sous une chaumière répandue [3] dans la campagne, ou sous une ruine qui trempe dans un marécage et qu'on appelle château, pour être cru noble sur sa parole [4].

hommes ou animaux) qui sont peintes à côté de l'écu et semblent le supporter. — Le *cimier* est la partie la plus élevée des ornements de l'écu et se place au-dessus du casque; quelquefois il reproduit une pièce du blason de l'écu, comme un lion, une fleur de lis, etc., mais le plus souvent il se compose de plumes attachées au casque. « Le cimier était une plus grande marque de noblesse que l'armoirie, parce qu'on le portait aux tournois, où on ne pouvait être admis sans avoir fait preuve de noblesse. » (Le P. Menestrier, *Art du Blason*, 1658.)

1. Cette phrase ne signifie point que l'on ait jamais, en blason, distingué les heaumes et les casques. *Heaume* est le mot que l'on trouve dans les anciens auteurs : *casque*, le synonyme qui a pris peu à peu sa place dans la langue héraldique. Mais, selon que l'on était d'une plus ou moins haute naissance, le casque que l'on figurait au-dessus de son écu avait la visière ouverte ou fermée, et était placé de front ou de profil : c'est dans la forme et dans la situation des casques que résidait la distinction dont parle La Bruyère, ainsi qu'il l'explique deux lignes plus bas. Le casque qui se présentait de front et ouvert indiquait une grande naissance, et le nombre des *grilles*, c'est-à-dire des barreaux qui étaient placés dans la visière du casque et en fermaient l'ouverture, servait à marquer le degré de la noblesse. Les nouveaux anoblis devaient, au contraire, figurer le casque de profil, avec la visière close et abattue. Ces règles arbitraires ne furent observées que pendant fort peu de temps.

2. « Les armoiries des nouvelles maisons sont, la plus grande partie, les enseignes de leurs anciennes boutiques. » (Ménage.)

3. Terme assez impropre, pour signifier *isolée*. Il est vrai que le mot *isolé*, quoique cité en 1691 par Boursault dans sa comédie des *Mots à la mode*, ne paraît pas avoir été accepté par les bons écrivains du dix-septième siècle.

4. « Qui diable vous a fait aussi vous aviser, à A quarante-deux ans

¶ Un bon gentilhomme veut passer pour un petit seigneur[1], et il y parvient. Un grand seigneur affecte la principauté, et il use de tant de précautions qu'à force de beaux noms, de disputes sur le rang et les préséances, de nouvelles armes, et d'une généalogie que D'HOZIER[2] ne lui a pas faite, il devient enfin un petit prince.

¶ Les grands, en toutes choses, se forment et se moulent sur de plus grands, qui, de leur part, pour n'avoir rien de commun avec leurs inférieurs, renoncent volontiers à toutes les rubriques[3] d'honneurs et de distinctions dont leur condition se trouve chargée, et préfèrent à cette servitude une vie plus libre et plus commode. Ceux qui suivent leur piste observent déjà par émulation cette simplicité et cette modestie : tous ainsi se réduiront par hauteur à vivre naturellement et comme le peuple. Horrible inconvénient[4] !

¶ Certaines gens portent trois noms, de peur d'en manquer : ils en ont pour la campagne et pour la ville, pour les lieux de leur service ou de leur emploi[5]. D'autres ont un seul nom dissyllabe, qu'ils anoblissent par des particules, dès que leur fortune devient meilleure. Celui-ci, par

de vous débaptiser, ‖ Et d'un vieux tronc pourri de votre métairie ‖ Vous faire dans le monde un nom de seigneurie?... ‖ Je sais un paysan qu'on appelait Gros Pierre, ‖ Qui, n'ayant pour tout bien qu'un seul quartier de terre, ‖ Y fit tout à l'entour faire un fossé bourbeux, ‖ Et de *monsieur de l'Isle* en prit le nom pompeux. » Molière, *l'École des Femmes*, I, 1.

1. Cf. La Fontaine, *Fables*, I, 3.

2. D'Hozier, nom d'une famille célèbre de généalogistes.

3. *Rubriques*, formules de respect et démonstrations de cérémonie. « On appelle *rubriques* dans le bréviaire, certaines règles, imprimées en rouge, qui sont au commencement du bréviaire, pour enseigner la manière dont il faut le dire. » *Dict. de l'Académie*, 1694.

4. « Allusion, disent les Clefs, à ce que feu Monsieur, pour s'approcher de (c.-à-d., pour ressembler à) Monseigneur le Dauphin, ne voulait plus qu'on le traitât d'*Altesse Royale*, mais qu'on lui parlât par *vous*, comme l'on faisoit à Monseigneur et aux petits princes (ses fils). Les autres princes, à son exemple, ne veulent plus être traités d'Altesse, mais simplement de *vous*. »

5. Un même personnage portait parfois, outre son nom de famille, soit un nom de seigneurie, soit un surnom.

la suppression d'une syllabe, fait de son nom obscur un nom illustre[1]; celui-là, par le changement d'une lettre en une autre, se travestit, et de *Syrus* devient *Cyrus*. Plusieurs suppriment leurs noms, qu'ils pourraient conserver sans honte, pour en adopter de plus beaux, où ils n'ont qu'à perdre par la comparaison que l'on fait toujours d'eux qui les portent avec les grands hommes qui les ont portés[2]. Il s'en trouve enfin qui, nés à l'ombre des clochers de Paris, veulent être Flamands[3] ou Italiens[4], comme si la roture n'était pas de tout pays; allongent leurs noms français d'une terminaison étrangère, et croient que venir de bon lieu[5] c'est venir de loin.

¶ Le besoin d'argent[6] a réconcilié la noblesse avec la roture[7], et a fait évanouir la preuve des quatre quartiers[8].

¶ A combien d'enfants serait utile la loi qui déciderait que c'est le ventre qui anoblit! mais à combien d'autres serait-elle contraire[9]!

---

1. Comme Delrieu, maître d'hôtel du roi, qui se fit nommer de Rieux.

2. Les Clefs citent M. le Camus de Vienne, qui, paraît-il, se faisait descendre de l'amiral Jean de Vienne, tué à la bataille de Nicopolis (1396).

3. M. Sonin, fils d'un receveur de Paris, avait pris le nom de Soningen.

4. Le roi Charles VIII, en allant à la conquête du royaume de Naples, dit en ses mémoires l'abbé de Choisy, donna la charge « de premier président de la Chambre des Comptes à M. Nicolas, qui, se trouvant en Italie, habilla son nom à l'italienne, en changeant son *s* en *i*. »

5. *De bon lieu*, de bonne famille. *Locus* a parfois ce sens dans le latin classique.

6. Boileau, *satire* v, vers 105 : « Alors le noble altier pressé de l'indigence, || Humblement du fa-

quin rechercha l'alliance, || Avec lui trafiquant d'un nom si précieux, || Par un lâche contrat vendit tous ses aïeux. »

7. *Roture.* Voy. p. 1, n. 3.

8. *Quartier*, terme de généalogie : « chaque degré de descendance dans une famille noble. » Littré. La vie moyenne d'une génération étant de trente ans, une noblesse de « quatre quartiers » est une noblesse de cent vingt ans environ.

9. Beaucoup de roturiers, devenus riches, épousent des filles nobles; beaucoup de nobles, devenus pauvres, épousent des filles de roturiers. Si donc la noblesse se transmettait par les femmes, et non plus de mâle en mâle, à combien d'enfants serait utile la loi nouvelle, à combien d'autres elle serait contraire! — Deux lignes suffisent à l'auteur pour résumer cette réflexion.

¶ Il y a peu de familles dans le monde qui ne touchent aux plus grands princes par une extrémité, et par l'autre au simple peuple[1].

¶ Il n'y a rien à perdre à être noble : franchises, immunités, exemptions, privilèges[2], que manque-t-il à ceux qui ont un titre? Croyez-vous que ce soit pour la noblesse que des solitaires[3] se sont faits nobles? Ils ne sont pas si vains : c'est pour le profit qu'ils en reçoivent. Cela ne leur sied-il pas mieux que d'entrer dans les gabelles[4]? je ne dis pas à chacun en particulier, leurs vœux s'y opposent, je dis même à la communauté.

¶ Je le déclare nettement, afin que l'on s'y prépare, e. que personne un jour n'en soit surpris : s'il arrive jamais que quelque grand me trouve digne de ses soins[5], si je fais enfin une belle fortune, il y a un Geoffroy de la Bruyère[6]

1. Sénèque a exprimé la même pensée (*Epist. ad Lucilium* XLIV).

2. Ces quatre mots, que l'Académie, en 1694, expliquait les uns par les autres, sont à peu près synonymes. *Immunité* se dit surtout des corps sociaux, des villes; *exemption*, des particuliers. (D'après Littré.)

3. « Maison religieuse, secrétaire du roi, » dit La Bruyère en note. Le couvent des Célestins avait un office de secrétaire du roi. Mais La Bruyère ignorait l'origine de cette singularité. Les Célestins n'avaient pas acheté cet office ; le revenu et les privilèges leur en avaient été accordés par munificence royale, au xive siècle.

4. Administration de l'impôt sur le sel.

5. Attentions, prévenances. Sens fréquent au xviie siècle. Dans la carte du *Pays de Tendre*, le village de *Petits Soins* était sur la rive gauche du fleuve d'*Inclination*.

6. Dans la cinquième édition, la première qui contienne cette déclaration, La Bruyère avait simplement écrit : un Geoffroy D***. A la sixième, il mit en toutes lettres le nom de La Bruyère ; c'était, pour la première fois, signer publiquement son livre. — Dom Bonaventure d'Argonne, qui, sous le pseudonyme de Vigneul-Marville, a vivement attaqué La Bruyère après sa mort, le présente comme un « gentilhomme à louer qui met enseigne à sa porte ». « Il avertit, dit-il, le siècle présent et les siècles à venir de l'antiquité de sa noblesse, et cela sur le ton de Don Quichotte. » C'était assurément une sottise de prendre ce passage au sérieux et d'en faire un crime à l'auteur; mais la déclaration de La Bruyère n'est pas en tout point une simple plaisanterie. Un Geoffroy de La Bruyère a pris part à la troisième croisade; il est mort au siège de Saint-Jean-d'Acre en 1191. Seule-

que toutes les chroniques rangent au nombre des plus grands seigneurs de France qui suivirent GODEFROY DE BOUILLON à la conquête de 1 Terre-Sainte : voilà alors de qui je descends en ligne directe.

¶ Si la noblesse est vertu, elle se perd par tout ce qui n'est pas vertueux; et si elle n'est pas vertu, c'est peu de chose.

¶ Il y a des choses qui, ramenées à leurs principes et à leur première institution[1], sont étonnantes et incompréhensibles. Qui peut concevoir, en effet, que certains abbés, à qui il ne manque rien de l'ajustement, de la mollesse et de la vanité des sexes et des conditions[2], qui entrent auprès des femmes en concurrence avec le marquis et le financier, et qui l'emportent sur tous les deux, qu'eux-mêmes soient originairement, et dans l'étymologie de leur nom[3], les pères et les chefs de saints moines et d'humbles solitaires, et qu'ils en devraient être l'exemple? Quelle force, quel empire, quelle tyrannie de l'usage! Et, sans parler de plus grands désordres, ne doit-on pas craindre de voir un jour un jeune abbé[4] en velours gris et à ramages comme une Éminence[5], ou avec des mouches et du rouge comme une femme?

¶ Les belles choses le sont moins hors de leur place : les bienséances mettent la perfection, et la raison met les bienséances. Ainsi l'on n'entend point une *gigue*[6] à la chapelle[7], ni dans un sermon des tons[8] de théâtre; l'on ne voit point

ment, en le mettant à la suite de Godefroy de Bouillon, La Bruyère l'a fait vivre presque un siècle trop tôt.

1. A l'état où elles se trouvaient lorsqu'elles ont été instituées. « Dieu, dit Bossuet (*Sermon sur la Mort*), ayant formé l'homme pour être le chef de l'univers, d'une si noble *institution* il lui a laissé un certain instinct. »

2. C'est-à-dire, peut-être : des personnes de condition (de qualité) des deux sexes. Assez obscur.

3. Le syriaque *abba* signifie *père*. (Bas-latin *abbas. abbatem.*)

4. *Un jeune abbé*, leçon de la neuvième édition. La Bruyère avait d'abord écrit *un simple abbé*, ce qui s'accordait mal avec la fin de la phrase.

5. Titre d'honneur que l'on donne aux cardinaux.

6. *Gigue*, « espèce de danse ». *Dict. de l'Acad.*, 1694.

7. *Chapelle* : celle de Versailles, ou celle du Louvre.

8. *Tons*, intonations.

d'images profanes¹ dans les temples, un CHRIST par exemple et le *Jugement de Pâris* dans le même sanctuaire, ni
à des personnes consacrées à l'Église le train et l'équipage
d'un cavalier².

¶ Déclarerai-je donc ce que je pense de ce qu'on appelle
dans le monde un beau salut : la décoration souvent pro-
fane, les places retenues et payées, des livres³ distribués
comme au théâtre, les entrevues et les rendez-vous fréquents, le murmure et les causeries étourdissantes, quelqu'un monté sur une tribune qui y parle familièrement,
sèchement, et sans autre zèle que de rassembler le peuple,
l'amuser, jusqu'à ce qu'un orchestre, le dirai-je? et des voix
qui concertent⁴ depuis longtemps se fassent entendre?
Est-ce à moi à m'écrier que le zèle de la maison du Seigneur me consume, et à tirer le voile léger qui couvre les
mystères, témoins d'une telle indécence? Quoi! parce qu'on
ne danse pas encore aux TT***⁵, me forcera-t-on d'appeler
tout ce spectacle office d'église?

¶ L'on ne voit point faire de vœux ni de pèlerinages pour
obtenir d'un saint d'avoir l'esprit plus doux, l'âme plus
reconnaissante, d'être plus équitable et moins malfaisant,
d'être guéri de la vanité, de l'inquiétude⁶ et de la mauvaise
raillerie⁷.

¶ Quelle idée plus bizarre que de se représenter une foule

---

1. Tapisseries. (*Note de la Bruyère.*) — Cette réflexion contient une suite d'assertions ironiques : on entendait souvent des airs fort gais dans les églises, et souvent aussi dans les églises se trouvaient des tapisseries qui représentaient des sujets profanes.
2. D'un homme d'épée.
3. Le *motet* traduit en vers français par L. L***. (*Note de La Bruyère.*) Nous ignorons le nom du poète obscur que désignent ces initiales.

4. Qui font des répétitions.
5. Les Théatins, dont le couvent, fondé par Mazarin, se trouvait sur le quai Malaquais. La mondaine splendeur des Saluts des Théatins, grands amateurs de musique, donna lieu à plus d'une critique.
6. *De l'inquiétude d'esprit*, dans la première édition. Il s'agit de l'agitation sans objet, de l'activité stérile de certains esprits.
7. La Bruyère insiste souvent sur l'esprit moqueur des Grands. Voyez la *Notice littéraire*, p. XXVI.

de chrétiens de l'un et de l'autre sexe, qui se rassemblent
à certains jours dans une salle, pour y applaudir à une
troupe d'excommuniés, qui ne le sont que par le plaisir[1]
qu'ils leur donnent, et qui est déjà payé d'avance? Il me
semble qu'il faudrait ou fermer les théâtres, ou prononcer
moins sévèrement sur l'état des comédiens[2].

¶ Dans ces jours qu'on appelle saints, le moine confesse,
pendant que le curé tonne en chaire contre le moine et ses
adhérents. Telle femme pieuse sort de l'autel, qui entend
au prône qu'elle vient de faire un sacrilège. N'y a-t-il point
dans l'Église une puissance à qui il appartienne ou de faire
taire le pasteur, ou de suspendre pour un temps le pouvoir
du *barnabite*[3]?

¶ Il y a plus de rétribution dans les paroisses pour un
mariage que pour un baptême, et plus pour un baptême que
pour la confession : l'on dirait que ce soit[4] un taux sur les
sacrements, qui semblent par là être appréciés[5]. Ce n'est
rien au fond que cet usage; et ceux qui reçoivent pour les
choses saintes ne croient point les vendre, comme ceux qui
donnent ne pensent point à les acheter : ce sont peut-être
des apparences qu'on pourrait épargner aux simples et aux
indévots.

¶ Un pasteur frais et en parfaite santé, en linge fin et
en point de Venise[6], a sa place dans l'œuvre[7] auprès les

1. A cause du plaisir. « J'ai ouï
condamner cette comédie *par* les
mêmes choses que j'ai vu d'autres
estimer le plus. » Molière.

2. Voy. G. Larroumet, *Études de
critique dramatique*, sur la condition des comédiens d'autrefois.

3. L'ordre des Barnabites, institué
à Milan au xvi⁰ siècle, avait pris
son nom de l'église de Saint-Barnabé,
où s'étaient assemblés les fonda-
teurs. La Bruyère attaque probablement ici le P. La Combe, confesseur de la célèbre M⁻⁰ Guyon, et

l'un des oracles du « Quiétisme ».

4. « On *dirait* que les temples
fussent autant d'hôtelleries. » Racine. « Vous *diriez* qu'il ne *fasse*
rien en ce monde. » Bossuet.
(Voyez les *Grammaires françaises,
cours supérieur*, de Chassang,
§ 293, 11, p. 336 ou de Brachet et
Dussouchet, p. 453, § 1018.)

5. *Appréciés*, mis à prix.

6. En dentelles point de Venise.

7. Banc affecté, dans une église,
aux officiers de la fabrique, c'est-
à-dire aux marguilliers. Les per-

pourpres et les fourrures[1] : il y achève sa digestion, pendant que le Feuillant[2] ou le Récollet[3] quitte la cellule et son désert, où il est lié par ses vœux et par la bienséance, pour venir le prêcher, lui et ses ouailles, et en recevoir le salaire comme d'une pièce d'étoffe. — Vous m'interrompez, et vous dites : « Quelle censure ! et combien elle est nouvelle et peu attendue[4] ! Ne voudriez-vous point interdire à ce pasteur et à son troupeau la parole divine et le pain de l'Évangile ? » — Au contraire, je voudrais qu'il le distribuât lui-même le matin, le soir, dans les temples, dans les maisons, dans les places, sur les toits, et que nul ne prétendît à un emploi si grand, si laborieux, qu'avec des intentions, des talents et des poumons capables de lui mériter les belles offrandes et les riches rétributions qui y sont attachées. Je suis forcé, il est vrai, d'excuser un curé sur cette conduite, par un usage reçu, qu'il trouve établi, et qu'il laissera à son successeur; mais c'est cet usage bizarre, et dénué de fondement et d'apparence, que je ne puis approuver, et que je goûte encore moins que celui de se faire payer quatre fois des mêmes obsèques, pour soi, pour ses droits, pour sa présence, pour son assistance[5].

¶ *Tite*, par vingt années de service dans une seconde place, n'est pas encore digne de la première, qui est va-

sonnages importants étaient invités à y prendre place pendant le sermon.

1. Les *pourpres* désignent le Parlement; les *fourrures*, l'Université. — *Auprès les* est une négligence dont nous ne connaissons pas d'autre exemple. Voy., sur ce passage, Chassang, *Gramm. franç.*, *cours supér.*, p. 113, § 109 *ter*.

2. Religieux qui vivait sous l'étroite observance de la règle de Saint-Bernard. L'ordre des Feuillants a pris son nom d'un village du Languedoc.

3. Religieux réformé de l'ordre de Saint-François.

4. *Attendue.* Fénelon (*Dialogues sur l'Éloquence de la Chaire*) souhaite lui aussi qu' « Il n'y ait que les pasteurs qui donnent la pâture aux troupeaux ».

5. Ces droits singuliers furent réglementés en 1693 par l'archevêque de Paris. On ne les trouva plus que sous deux formes dans le nouveau tarif : « Convoi des personnes au-dessus de douze ans : pour *le droit curial*, 6 livres; pour l'*assistance* du curé, 4 livres. »

cante : ni ses talents, ni sa doctrine[1], ni une vie exemplaire, ni les vœux des paroissiens, ne sauraient l'y faire asseoir. Il naît de dessous terre[2] un autre clerc[3] pour la remplir. Tite est reculé ou congédié; il ne se plaint pas : c'est l'usage.

¶ « Moi, dit le chevecier[4], je suis maître du chœur : qui me forcera d'aller à matines? mon prédécesseur n'y allait point : suis-je de pire condition? dois-je laisser avilir ma dignité entre mes mains, ou la laisser telle que je l'ai reçue? » — « Ce n'est point, dit l'écolâtre[5], mon intérêt qui me mène, mais celui de la prébende : il serait bien dur qu'un grand chanoine fût sujet au chœur[6], pendant que le trésorier[7], l'archidiacre, le pénitencier[8]et le grand vicaire s'en croient exempts. » — «Je suis bien fondé, dit le prévôt[9], à demander la rétribution sans me trouver à l'office : il y a vingt années entières que je suis en possession de dormir les nuits; je veux finir comme j'ai commencé, et l'on ne me verra point déroger à mon titre : que me servirait d'être à la tête d'un chapitre? mon exemple ne tire point à conséquence. » Enfin c'est entre eux tous à qui ne louera point Dieu, à qui fera voir, par un long usage, qu'il n'est point obligé de le faire : l'émulation de ne se point rendre aux offices divins ne saurait être plus vive ni plus ardente. Les cloches son-

1. Son savoir. Latinisme fréquent au XVII° siècle.

2. *Dessous* était encore « quelquefois préposition » à cette époque. (*Dict. de l'Acad.*, 1694.)

3. *Ecclésiastique*, a mis en note La Bruyère. C'était l'acception la plus ancienne et la plus ordinaire du mot *clerc*.

4. La Bruyère semble étendre aux chanoines de tous les chapitres les accusations que Boileau avait portées contre ceux de la Sainte-Chapelle de Paris. Le *chevecier* avait soin du *chevet* de l'église, « c'est-à-dire du fond de l'église, depuis l'endroit où la clôture commence à tourner en rond. » Littré.

5. Chanoine qui, jouissant d'une *prébende*, c'est-à-dire d'un certain revenu, devait enseigner gratuitement la philosophie et les humanités à ses confrères ou aux jeunes gens pauvres qui se destinaient au service de l'Église.

6. Astreint au service du chœur.

7. Le *trésorier* avait la garde des reliques.

8. « Prêtre commis par l'évêque pour absoudre certains cas réservés. » Littré.

9. Chef du chapitre.

nent dans une nuit tranquille; et leur mélodie, qui réveille les chantres et les enfants de chœur, endort les chanoines, les plonge dans un sommeil doux et facile[1], et qui ne leur procure que de beaux songes : ils se lèvent tard, et vont à l'église se faire payer d'avoir dormi[2].

¶ Qui pourrait s'imaginer, si l'expérience ne nous le mettait devant les yeux, quelle peine ont les hommes à se résoudre d'eux-mêmes à leur propre félicité, et qu'on ait besoin de gens d'un certain habit, qui, par un discours préparé, tendre et pathétique, par de certaines inflexions de voix, par des larmes, par des mouvements qui les mettent en sueur et qui les jettent dans l'épuisement, fassent enfin consentir un homme chrétien et raisonnable, dont la maladie est sans ressource, à ne se point perdre et à faire son salut?

¶ La fille d'*Aristippe* est malade et en péril; elle envoie vers son père, veut se réconcilier avec lui et mourir dans ses bonnes grâces. Cet homme si sage, le conseil de toute une ville, fera-t-il de lui-même cette démarche si raisonnable? y entraînera-t-il sa femme? ne faudra-t-il point pour les remuer tous deux la machine du directeur[3]?

¶ Une mère, je ne dis pas qui cède et qui se rend à la vocation de sa fille, mais qui la fait religieuse, se charge d'une âme avec la sienne, en répond à Dieu même, en est la caution. Afin qu'une telle mère ne se perde pas, il faut que sa fille se sauve[4].

---

1. Voyez le *Lutrin*, ch. I, v. 18 sqq.; ch. IV, v. 11 sqq.

2. Trait plus piquant qu'exact, car « un chanoine qui ne va pas à matines n'a pas l'honoraire dû à ceux qui y assistent; il n'est donc pas payé d'avoir dormi; au contraire, son sommeil lui coûte. » Brillon. *Sentiments critiques sur les Caractères*.

3. Le *directeur*, au xviiᵉ siècle,

était distinct du *confesseur*. Beaucoup de dévots, et surtout de dévotes, demandaient au *directeur* non pas l'absolution sacramentelle des péchés avoués, mais des conseils pour toutes les affaires spirituelles ou temporelles de la vie.

4. Voyez sur le scandale des contraintes en pareille matière, Bossuet, *Or. fun. d'Anne de Gonzague*.

¶ Un homme joue et se ruine : il marie néanmoins l'aînée de ses deux filles de ce qu'il a pu sauver des mains d'un Ambreville[1]. La cadette est sur le point de faire ses vœux, qui[2] n'a point d'autre vocation que le jeu de son père.

¶ Il s'est trouvé des filles qui avaient de la vertu, de la santé, de la ferveur, et une bonne vocation, mais qui n'étaient pas assez riches pour faire dans une riche abbaye vœu de pauvreté[3].

¶ Celle qui délibère sur le choix d'une abbaye ou d'un simple monastère pour s'y enfermer[4] agite l'ancienne question de l'état populaire et du despotique.

¶ Faire une folie et se marier *par amourette*[5], c'est épouser *Mélite*, qui est jeune, belle, sage, économe, qui plaît, qui vous aime, qui a moins de bien qu'*Ægine*, qu'on vous propose, et qui, avec une riche dot, apporte de riches dispositions à la consumer, et tout votre fonds avec sa dot.

¶ Il était délicat[6] autrefois de se marier; c'était un long établissement[7], une affaire sérieuse, et qui méritait qu'on y pensât : l'on était pendant toute sa vie le mari de sa femme, bonne ou mauvaise : même table, même demeure, même lit; l'on n'en était point quitte pour une pension : avec des

1. C'est-à-dire un fripon. Ambreville, chef d'une troupe de vagabonds, fut brûlé à Paris en 1686.

2. Tour fréquent au xviiᵉ siècle : « Je vis hier *une chose* chez Mademoiselle *qui* me fit plaisir. » Sévigné. « Et j'ai *des gens* en main *que* j'emploierai pour vous. » Molière.

3. « Ce dernier trait, dit Suard, rejeté si heureusement à la fin de la période pour donner plus de saillie au contraste, n'échappera pas à ceux qui aiment à observer dans les productions des arts les procédés de l'artiste. Mettez à la place, « qui n'étaient pas assez riches pour faire vœu de pauvreté dans une riche abbaye » ; et voyez combien cette légère transposition, quoique peut-être favorable à l'harmonie, affaiblirait l'effet de la phrase. Ce sont ces artifices que les anciens recherchaient avec tant d'étude, et que les modernes négligent trop. » — Le mot de La Bruyère avait été, dit-on, prononcé en chaire par Camus, évêque de Belley.

4. La Bruyère avait d'abord écrit *s'y renfermer*; à la neuvième édition, il a préféré *s'y enfermer*.

5. Expression toute faite du langage familier au xviiᵉ siècle.

6. « Difficile, dangereux. » *Dict. de l'Acad. fr.*, 1694.

7. C'est-à-dire un établissement que l'on faisait pour longtemps.

enfants et un ménage complet, l'on n'avait pas les apparences et les délices du célibat.

¶ Qu'on évite d'être vu seul avec une femme qui n'est
point la sienne, voilà une pudeur qui est bien placée : qu'on
sente quelque peine à se trouver dans le monde avec des
personnes dont la réputation est attaquée, cela n'est pas
incompréhensible. Mais quelle mauvaise honte fait rougir
un homme de sa propre femme, et l'empêche de paraître
dans le public avec celle qu'il s'est choisie pour sa compagne
inséparable, qui doit faire sa joie, ses délices et toute sa
société; avec celle qu'il aime et qu'il estime, qui est son
ornement, dont l'esprit, le mérite, la vertu, l'alliance, lui
font honneur? Que ne commence-t-il par rougir de son
mariage?

Je connais la force de la coutume, et jusqu'où elle maî-
trise[1] les esprits et contraint les mœurs, dans les choses
même les plus dénuées de raison et de fondement : je sens
néanmoins que j'aurais l'impudence de me promener au
Cours, et d'y passer en revue[2] avec une personne qui serait
ma femme.

¶ Ce n'est pas une honte ni une faute à un jeune homme
que d'épouser une femme avancée en âge; c'est quelquefois prudence, c'est précaution. L'infamie est de se jouer de
sa bienfactrice[3] par des traitements indignes, et qui lui
découvrent qu'elle est la dupe d'un hypocrite et d'un
ingrat. Si la fiction[4] est excusable, c'est où il faut feindre
de l'amitié; s'il est permis de tromper, c'est dans une occasion où il y aurait de la dureté à être sincère. — Mais elle
vit longtemps. — Avez-vous stipulé qu'elle mourût après
avoir signé votre fortune et l'acquit de toutes vos dettes?
N'a-t-elle plus, après ce grand ouvrage, qu'à retenir son
haleine, qu'à prendre de l'opium ou de la ciguë? A-t-elle

---

1. *Maîtriser* : « gouverner en
maître et avec une autorité abso-
lue. » (*Dict. de l'Acad.*, 1694.)

2. *Passer en revue* avait au XVIIe
siècle le sens actif et le sens neu-

tre tout ensemble. (*Acad.*, 1694.)

3. Le P. Bouhours et l'atru, ar-
bitres du beau langage, tenaient
encore pour cette forme savante.

4. L'action de feindre.

tort de vivre? Si même vous mourez avant celle dont vous aviez déjà réglé les funérailles, à qui vous destiniez la grosse sonnerie et les beaux ornements, en est-elle responsable?

¶ Il y a depuis longtemps dans le monde une manière[1] de faire valoir son bien, qui continue toujours d'être pratiquée par d'honnêtes gens, et d'être condamnée par d'habiles docteurs.

¶ On a toujours vu dans la république[2] de certaines charges qui semblent n'avoir été imaginées la première fois que pour enrichir un seul aux dépens de plusieurs; les fonds ou l'argent des particuliers y coule sans fin et sans interruption[3]. Dirai-je qu'il n'en revient plus, ou qu'il n'en revient que tard? C'est un gouffre, c'est une mer qui reçoit les eaux des fleuves, et qui ne les rend pas; ou si elle les rend, c'est par des conduits secrets et souterrains, sans qu'il y paraisse, ou qu'elle en soit moins grosse et moins enflée; ce n'est qu'après en avoir joui longtemps, et qu'elle ne peut plus les retenir.

¶ Le fonds perdu, autrefois si sûr, si religieux et si inviolable, est devenu avec le temps, et par les soins de ceux qui en étaient chargés, un bien perdu[4]. Quel autre secret

1. Billets et obligations. (*Note de La Bruyère.*) — Au moyen âge, le droit ecclésiastique et le droit civil défendaient le prêt à intérêt. Cette interdiction, chaque jour violée, n'avait qu'en partie disparu du temps de La Bruyère et les théologiens discutaient toujours la question. Il n'était pas permis, quoiqu'on le fît à chaque instant, de tirer intérêt d'une somme prêtée sur *billet* ou sur *obligation*: l'intérêt n'était licite que dans le cas où, par un contrat de constitution de rente, l'on abandonnait le capital à l'emprunteur jusqu'à ce qu'il lui plût de le rendre.
2. L'État: sens latin.
3. Greffe, consignation. (*Note de La Bruyère.*) _ que le moraliste n'avait pas eu en vue ici, comme on l'a dit parfois, les *surintendants de finances*, qui n'existaient plus, d'ailleurs, depuis Fouquet, ni les *receveurs des confiscations*.
4. « Allusion, disent les clefs, à la banqueroute faite par les hôpitaux de Paris et les Incurables, en 1689. Elle a fait perdre aux particuliers qui avaient des deniers à fonds perdu sur des hôpitaux la plus grande partie de leurs biens: ce qui arriva par la friponnerie de quelques administrateurs que l'on chassa. » — Le *fonds perdu* est une somme d'argent dont l'on abandonne le capital, moyennant une rente viagère.

de doubler mes revenus et de thésauriser? Entrerai-je dans le huitième denier[1], ou dans les aides ? Serai-je avare, partisan, ou administrateur[2]?

¶ Vous avez une pièce d'argent, ou même une pièce d'or; ce n'est pas assez, c'est le nombre qui opère : faites-en, si vous pouvez, un amas considérable et qui s'élève en pyramide, et je me charge du reste. Vous n'avez ni naissance, ni esprit, ni talents, ni expérience : qu'importe? Ne diminuez rien de votre monceau, et je vous placerai si haut que vous vous couvrirez devant votre maître, si vous en avez; il sera même fort éminent, si, avec votre métal, qui de jour à autre[3] se multiplie, je ne fais en sorte qu'il se découvre devant vous[4].

¶ *Orante* plaide depuis dix ans entiers en règlement de juges[5], pour une affaire juste, capitale, et où il y va de toute sa fortune : elle saura peut-être, dans cinq années, quel seront ses juges, et dans quel tribunal elle doit plaider le reste de sa vie.

¶ L'on applaudit à la coutume qui s'est introduite dans les tribunaux d'interrompre les avocats au milieu de leur action[6], de les empêcher d'être éloquents et d'avoir de l'esprit, de les ramener au fait et aux preuves toutes sèches qui établissent leurs causes et le droit de leurs parties; et cette pratique si sévère, qui laisse aux orateurs le regret de n'avoir pas prononcé les plus beaux traits de leurs discours, qui bannit l'éloquence du seul endroit où elle est en sa place, et va faire du Parlement une muette juridiction, on l'autorise par une raison solide et sans réplique, qui est celle de l'expédition[7] : il est seulement à désirer qu'elle fût

---

1. Impôt établi, pendant la guerre de 1672, sur les acquéreurs de biens ecclésiastiques ou les usurpateurs de biens de communautés laïques, qui furent confirmés en possession moyennant le paiement d'un *huitième* de ces revenus.

2. *Administrateur* des hospices.

3. « A-t-elle *montré joie?* » Cor-neille. « [M. de] Turenne lui *coupa chemin.* » Racine.

4. Cf. Boileau, *Sat.* VIII, 175-206.

5. Pour faire décider que son procès sera porté devant tel tribunal et non devant tel autre.

6. De leur plaidoyer (Latinisme).

7. La prompte expédition des affaires.

moins oubliée en toute autre rencontre; qu'elle réglât au contraire les bureaux comme les audiences, et qu'on cherchât une fin aux écritures[1], comme on a fait[2] aux plaidoyers.

¶ Le devoir des juges est de rendre la justice; leur métier, de la différer. Quelques-uns savent leur devoir, et font leur métier.

¶ Celui qui sollicite son juge ne lui fait pas honneur : car ou il se défie de ses lumières et même de sa probité, ou il cherche à le prévenir[3], ou il lui demande une injustice[4].

¶ Il se trouve des juges auprès de qui la faveur, l'autorité, les droits de l'amitié et de l'alliance, nuisent à une bonne cause, et qu'une trop grande affectation de passer pour incorruptibles expose à être injustes[5].

¶ Le magistrat coquet eu galant est pire dans les conséquences que le dissolu : celui-ci cache son commerce et ses liaisons, et l'on ne sait souvent par où aller jusqu'à lui; celui-là est ouvert par mille faibles qui sont connus, et l'on y arrive par toutes les femmes à qui il veut plaire.

¶ Il s'en faut peu que la religion et la justice n'aillent de pair dans la république, et que la magistrature ne consacre les hommes comme la prêtrise. L'homme de robe ne saurait guère danser au bal, paraître aux théâtres[6], renon-

1. Procès par écrit. (*Note de La Bruyère.*)
2. Emploi, fréquent aux xviiᵉ et xviiiᵉ siècles, du verbe *faire*, pour éviter la répétition d'un autre verbe dont il prend le complément direct ou indirect : « Le comte d'Harcourt ne se servit pas mieux de cet avantage qu'il avait *fait de ceux*, etc. » La Rochefoucauld. « Dieu vous comptera plus un verre d'eau donné en son nom que les rois ne *feront* jamais tout votre sang répandu. » Bossuet.
3. *Le prévenir*, s'emparer à l'avance de son esprit.
4. Cf. *Misanthrope*, I, 1.
5. Voy. l'*Aristippe* de Balzac, 6ᵉ *discours* : « J'ai vu de ces faux justes... qui prenaient l'intérêt d'un étranger contre celui d'un parent ou d'un ami, encore que la raison fût du côté du parent ou de l'ami. Ils étaient ravis de faire perdre la cause qui leur avait été recommandée par leur neveu ou par leur cousin germain. » Cf. Pascal, *Pensées*, art. III, 3.
6. Locution qui n'est plus usitée qu'au singulier.

cer aux habits simples et modestes, sans consentir à son
propre avilissement; et il est étrange qu'il ait fallu une
loi pour régler son extérieur, et le contraindre ainsi à être
grave et plus respecté[1].

¶ Il n'y a aucun métier qui n'ait son apprentissage, et,
en montant des moindres conditions jusques aux plus
grandes, on remarque dans toutes un temps de pratique
et d'exercice qui prépare aux emplois, où les fautes sont
sans conséquence, et mènent au contraire à la perfection.
La guerre même, qui ne semble naître et durer que par la
confusion et le désordre, a ses préceptes : on ne se massacre
pas par pelotons et par troupes, en rase campagne, sans
l'avoir appris, et l'on s'y tue méthodiquement. Il y a l'école
de la guerre : où est l'école du magistrat? Il y a un usage,
des lois, des coutumes : où est le temps, et le temps assez
long que l'on emploie à les digérer et à s'en instruire?
L'essai et l'apprentissage d'un jeune adolescent[2] qui passe
de la férule à la pourpre, et dont la consignation[3] a fait un
juge, est de décider souverainement des vies et des fortunes
des hommes.

¶ La principale partie[4] de l'orateur, c'est la probité : sans
elle, il dégénère en déclamateur, il déguise ou il exagère
les faits, il cite faux, il calomnie, il épouse la passion et les

1. Il y eut, en 1634, un arrêt du Conseil obligeant les conseillers à être en rabat. « Avant ce temps-là ils étaient presque toujours en cravate. »

2. M⁰ᵉ de Sévigné écrit le 27 mai 1680 : « Il faut que je vous conte ce que c'est que ce premier président; vous croyez que c'est une barbe sale et un vieux fleuve.... Point du tout; c'est un jeune homme de vingt-sept ans... que j'ai vu mille fois sans jamais m'imaginer que ce pût être un magistrat; cependant il l'est devenu par son crédit, et, moyennant quarante mille francs, il a acheté toute l'expérience nécessaire pour être à la tête d'une compagnie souveraine qui est la Chambre des Comptes de Nantes. »

3. Consignation : « dépôt d'argent pour l'achat d'une charge ». La Bruyère a souvent attaqué la vénalité des offices de judicature.

4. Partie. Mérite. « Se dit figurément des bonnes qualités naturelles ou acquises : Une des plus essentielles parties d'un honnête homme, c'est.... Il a toutes les parties d'un grand capitaine. » Dict. de l'Académie, 1694. Parts a le même sens en anglais.

haines de ceux pour qui il parle; et il est de la classe de
ces avocats dont le proverbe dit qu'ils sont payés pour dire
des injures.

¶ Il est vrai, dit-on, cette somme lui est due, et ce droit
lui est acquis; mais je l'attends à cette petite formalité;
s'il l'oublie, il n'y revient plus, et *conséquemment* il perd sa
somme, ou il est *incontestablement* déchu de son droit : or,
il oubliera cette formalité. — Voilà ce que j'appelle une
conscience de praticien[1].

Une belle maxime pour le palais, utile au public, remplie
de raison, de sagesse et d'équité, ce serait précisément la
contradictoire de celle qui dit que la forme emporte le
fond.

¶ La question est une invention merveilleuse et tout à
fait sûre pour perdre un innocent qui a la complexion faible,
et sauver un coupable qui est né robuste[2].

¶ Un coupable puni est un exemple pour la canaille :
un innocent condamné est l'affaire de[3] tous les honnêtes
gens.

Je dirai presque de moi : « Je ne serai pas voleur ou
meurtrier ». « Je ne serai pas un jour puni comme tel »,
c'est parler bien hardiment.

Une condition lamentable est celle d'un homme innocent
à qui la précipitation et la procédure ont trouvé un crime;
celle même de son juge peut-elle l'être davantage[4]?

---

1. Avocat ou procureur qui sait
bien « la manière d'instruire et de
conduire les procès. » *Dict. de
l'Académie*, 1694.

2. Cervantes met dans la bouche
de Don Quichotte (part. I, ch. xxii)
la même réflexion. Cf. Montaigne,
l. II, ch. v : « C'est une dangereuse
invention que celle des géhennes,
et semble que ce soit plutôt un
essai de patience que de vérité. »
Et Ménage (*Menagiana*, t. II, p. 240):
« Ceux qui la peuvent supporter, et
ceux qui n'ont pas assez de force

pour la souffrir, mentent également. » La question n'a cependant
été supprimée que sous Louis XVI.
— Vers l'époque où écrivait La
Bruyère, un accusé, nommé Lebrun,
avait succombé après avoir été mis
à la question.

3. *Est l'affaire de....* Intéresse.

4. La Bruyère se rappelait peut-
être que récemment encore le marquis de Langlade, condamné aux
galères pour un vol qu'il n'avait
point commis, était mort à l'hôpi-
tal des forçats.

CHAPITRE XIV.

¶ Si l'on me racontait qu'il s'est trouvé autrefois un prévôt, ou l'un de ces magistrats créés pour poursuivre les voleurs et les exterminer, qui les connaissait tous depuis longtemps de nom et de visage, savait leurs vols, j'entends l'espèce, le nombre et la quantité, pénétrait si avant dans toutes ces profondeurs, et était si initié dans tous ces affreux mystères, qu'il sut rendre à un homme de crédit un bijou qu'on lui avait pris dans la foule au sortir d'une assemblée, et dont[1] il était sur le point de faire de l'éclat[2]; que le Parlement intervint dans cette affaire, et fit le procès à cet officier; je regarderais cet événement comme l'une de ces choses dont l'histoire se charge, et à qui le temps ôte la croyance[3] : comment donc pourrais-je croire qu'on doive présumer, par des faits récents, connus et circonstanciés[4], qu'une connivence si pernicieuse dure encore, qu'elle ait même tourné en jeu et passé en coutume?

¶ Combien d'hommes qui sont forts contre les faibles, fermes et inflexibles aux sollicitations du simple peuple, sans nuls égards pour les petits, rigides et sévères dans les minuties, qui refusent les petits présents, qui n'écoutent ni leurs parents ni leurs amis, et que les femmes seules peuvent corrompre[5] !

¶ Il n'est pas absolument impossible qu'une personne qui se trouve dans une grande faveur perde un procès,

¶ Les mourants qui parlent dans leurs testaments peuvent s'attendre à être écoutés comme des oracles : chacun les tire de son côté et les interprète à sa manière, je veux dire selon ses désirs ou ses intérêts.

¶ Il est vrai qu'il y a des hommes dont on peut dire que la mort fixe moins la dernière volonté qu'elle ne leur ôte,

1. Au sujet duquel. — « M. de Grandmaison, grand prévôt de la prévôté de l'Hôtel, disent les Clefs, a fait rendre à M. de Saint-Pouange une boucle de diamants qui lui avait été dérobée au sortir de l'Opéra. »

2. « Faire de votre flamme un éclat glorieux. » Molière Princ. d'Élide, I, 1.

3. La crédibilité. « L'effet à tes discours ôte toute croyance. » Corneille, Héraclius, IV, 6.

4. Racontés avec détails.

5. Cf. page 17, ligne 16 sqq.

avec la vie, l'irrésolution et l'inquiétude. Un dépit, pendant qu'ils vivent, les fait tester; ils s'apaisent et déchirent leur minute[1], la voilà en cendre. Ils n'ont pas moins de testa-ments dans leur cassette que d'almanachs sur leur table; ils les comptent par les années; un second se trouve détruit par un troisième, qui est anéanti lui-même par un autre mieux digéré, et celui-ci encore par un cinquième *olo-graphe*[2]. Mais, si le moment, ou la malice, ou l'autorité manque à celui qui a intérêt de le supprimer[3], il faut qu'il en essuie les clauses et les conditions : car *appert*-il mieux des dispositions des hommes les plus inconstants que par un dernier acte, signé de leur main, et après lequel ils n'ont pas du moins eu le loisir de vouloir tout le contraire[4]?

¶ S'il n'y avait point de testaments pour régler le droit des héritiers, je ne sais si l'on aurait besoin de tribunaux pour régler les différends des hommes; les juges seraient presque réduits à la triste fonction d'envoyer au gibet les voleurs et les incendiaires. Qui voit-on dans les lanternes[5] des chambres, au parquet, à la porte ou dans la salle du magistrat? des héritiers *ab intestat*? Non, les lois ont pourvu à leurs partages. On y voit les testamentaires[6] qui plaident en explication d'une clause ou d'un article; les personnes exhérédées; ceux qui se plaignent d'un testament fait avec loisir, avec maturité, par un homme grave, habile, con-sciencieux, et qui a été aidé d'un bon conseil; d'un acte où le praticien n'a rien *obmis*[7] de son jargon et de ses finesses

1. Minute (*minuta scriptura*) : acte original ou brouillon.
2. Un cinquième testament. Tes-tament *olographe* : écrit en entier, daté et signé de la main du testa-teur.
3. Si, après la mort du testateur, celui dont le testament blesse les intérêts n'est ni assez malhonnête pour le faire disparaître, lorsqu'il le peut, ni assez puissant pour le faire casser....
4. Les dispositions des hommes les plus inconstants peuvent-elles mieux apparaître que par un der-nier acte, etc. — *Il appert*, terme de palais.
5. Sorte de tribunes où quelques personnes pouvaient assister aux séances du parlement sans être vues.
6. Ceux qui, contrairement aux héritiers *ab intestat*, héritent en vertu d'un testament.
7. Orthographe des « praticiens »; l'auteur la conserve à dessein.

ordinaires : il est signé du testateur et des témoins publics, il est paraphé; et c'est en cet état qu'il est cassé et déclaré nul.

¶ *Titius* assiste à la lecture d'un testament avec des yeux rouges et humides, et le cœur serré de la perte de celui dont il espère recueillir la succession. Un article lui donne la charge[1], un autre les rentes de la ville[2], un troisième le rend maître d'une terre à la campagne; il y a une clause qui, bien entendue, lui accorde une maison située au milieu de Paris, comme elle se trouve, et avec les meubles : son affliction augmente, les larmes lui coulent des yeux. Le moyen de les contenir? il se voit officier[3], logé aux champs et à la ville, meublé de même; il se voit une bonne table et un carrosse : « *Y avait-il au monde un plus honnête homme que le défunt, un meilleur homme?* » Il y a un codicille[4], il faut le lire : il fait *Mævius* légataire universel, et il renvoie Titus dans son faubourg, sans rentes, sans titre, et le met à pied. Il essuie ses larmes : c'est à Mævius à s'affliger.

¶ La loi qui défend de tuer un homme n'embrasse-t-elle pas dans cette défense le fer, le poison, le feu, l'eau, les embûches, la force ouverte, tous les moyens enfin qui peuvent servir à l'homicide? La loi qui ôte aux maris et aux femmes le pouvoir de se donner réciproquement, n'a-t-elle connu que les voies directes et immédiates de donner[5]? a-t-elle manqué de prévoir les indirectes? a-t-elle introduit

---

1. Sur l'hérédité des offices, voy. Chéruel, *Dict. des Institutions.*

2. Les rentes sur l'hôtel de ville.

3. Pourvu d'un office. On disait autrefois un *officier* de finances, de police, de justice, de monnaie, etc.

4. Disposition qui a pour objet de faire une addition ou un changement au testament.

5. Voyez dans le *Malade imaginaire*, acte I, sc. vii, le notaire Bonnefoi apprenant à Argan que la

Coutume de Paris lui interdit de rien léguer à sa femme, mais qu'il est des expédients pour « passer pardessus la loi ». On peut, par exemple, donner par testament une partie de sa fortune à un ami, en le chargeant secrètement de la transmettre à sa femme : c'est là le fidél-commis dont il va être question. — Les époux *sans enfants* pouvaient toutefois se léguer, par don mutuel, l'usufruit de certains biens.

les fidéicommis, ou si même elle les tolère? Avec une femme qui nous est chère et qui nous survit, lègue-t-on son bien à un ami fidèle par un sentiment de reconnaissance pour lui, ou plutôt par une extrême confiance, et par la certitude qu'on a du bon usage qu'il saura faire de ce qu'on lui lègue? Donne-t-on à celui que l'on peut soupçonner de ne devoir pas rendre à la personne à qui en effet l'on veut donner? Faut-il se parler, faut-il s'écrire, est-il besoin de pacte ou de serments pour former cette collusion[1]? Les hommes ne sentent-ils pas en ce rencontre[2] ce qu'ils peuvent espérer les uns des autres? Et si, au contraire, la propriété d'un tel bien est dévolue au fidéicommissaire, pourquoi perd-il sa réputation à le retenir? Sur quoi fonde-t-on la satire et les vaudevilles[3]? Voudrait-on le comparer au dépositaire qui trahit le dépôt, à un domestique qui vole l'argent que son maître lui envoie porter? On aurait tort : y a-t-il de l'infamie à ne pas faire une libéralité, et à conserver pour soi ce qui est à soi? Étrange embarras, horrible poids que le fidéicommis! Si, par la révérence des lois[4], on se l'approprie, il ne faut plus passer pour homme de bien; si, par le respect d'un ami mort, l'on suit ses intentions en le rendant à sa veuve, on est confidentiaire[5], on blesse la loi. — Elle cadre[6] donc bien mal avec l'opinion des hommes? — Cela peut être : et il ne convient pas de dire ici : « La loi pèche », ni : « Les hommes se trompent ».

1. Cette entente secrète pour éluder la coutume.

2. Plusieurs écrivains du dix-septième siècle font ce mot masculin. Voir, par exemple, la correspondance de Colbert. Néanmoins Vaugelas, dès 1647, Ménage, en 1676, et l'Académie dans son dictionnaire (1694), condamnèrent cet archaïsme.

3. Le *vaudeville* est, au dix-septième siècle, la chanson satirique de circonstance. On a recueilli de nos cours la plupart de ces chansons qui sont, comme disait J.-J. Rousseau, des sortes de « mémoires de l'histoire de France ».

4. Par respect pour les lois. Latinisme.

5. « Le *confidentiaire* est celui qui a reçu une somme d'argent ou autre valeur avec l'engagement secret, mais d'honneur, de le rendre à une personne déterminée. » (Littré.)

6. Ce mot, familier aujourd'hui, est souvent employé par La Bruyère ainsi que par Bossuet dans ses discours.

¶ J'entends dire de quelques particuliers ou de quelques compagnies : « Tel et tel corps se contestent l'un à l'autre la préséance; le mortier et la pairie[1] se disputent le pas. » Il me paraît que celui des deux qui évite de se rencontrer aux assemblées est celui qui cède, et qui, sentant son faible, juge lui-même en faveur de son concurrent.

¶ *Typhon* fournit un grand de chiens et de chevaux : que ne lui fournit-il point? Sa protection le rend audacieux; il est impunément dans sa province tout ce qui lui plaît d'être[2], assassin, parjure; il brûle ses voisins, et il n'a pas besoin d'asile. Il faut enfin que le Prince se mêle lui-même de sa punition.

¶ Ragoûts, liqueurs, entrées, entremets, tous mots qui devraient être barbares et inintelligibles en notre langue; et, s'il est vrai qu'ils ne devraient pas être d'usage en pleine paix, où ils ne servent qu'à entretenir le luxe et la gourmandise, comment peuvent-ils être entendus dans le temps de la guerre et d'une misère publique, à la vue de l'ennemi, à la veille d'un combat, pendant un siège? Où est-il parlé de la table de *Scipion* ou de celle de *Marius?* Ai-je lu quelque part que *Miltiade*, qu'*Épaminondas*, qu'*Agésilas*, aient fait une chère délicate? Je voudrais qu'on ne fît mention de la délicatesse, de la propreté[3] et de la somptuosité des généraux, qu'après n'avoir plus rien à dire sur leur sujet, et s'être épuisé sur les circonstances d'une bataille gagnée et d'une ville prise : j'aimerais même qu'ils voulussent se priver de cet éloge[4].

---

1. Les présidents du Parlement et les pairs de France, qui avaient droit de séance au Parlement.

2. La Bruyère a hésité entre *ce qu'il lui plaît* et *ce qui lui plaît d'être*. Les deux dernières éditions faites de son vivant portent *ce qui lui plaît*. La première rédaction était préférable. Peut-être le dernier texte est-il une faute d'impression.

3. Élégance. « Vous voilà le plus *propre* du monde. » Molière, *Bourg. gentilh.*, III, 4.

4. Le marquis d'Humières est, selon Gourville, le premier général qui ait transporté dans les camps le luxe des villes. Pendant le siège d'Arras (1654), Gourville, soupant à sa table, y vit avec étonnement de la vaisselle d'argent. « Le lendemain, dit-il, j'eus l'honneur de di-

¶ *Hermippe*[1] est l'esclave de ce qu'il appelle ses petites commodités; il leur sacrifie l'usage reçu, la coutume, les modes, la bienséance; il les cherche en toutes choses, il quitte une moindre pour une plus grande, il ne néglige aucune de celles qui sont praticables[2], il s'en fait une étude, et il ne se passe aucun jour qu'il ne fasse en ce genre une découverte. Il laisse aux autres hommes le dîner et le souper, à peine en admet-il les termes; il mange quand il a faim, et les mets seulement où[3] son appétit le porte. Il voit faire son lit: quelle main assez adroite ou assez heureuse pourrait le faire dormir comme il veut dormir? Il sort rarement de chez soi; il aime la chambre, où il n'est ni oisif ni laborieux, où il n'agit point, où il *tracasse*[4], et dans l'équipage[5] d'un homme qui a pris médecine. On dépend servilement d'un serrurier et d'un menuisier, selon ses besoins : pour lui, s'il faut limer, il a une lime; une scie, s'il faut scier, et des tenailles, s'il faut arracher. Imaginez, s'il est possible, quelques outils qu'il n'ait pas, et meilleurs

ner avec M. de Turenne : il n'avait que de la vaisselle de fer-blanc.» En 1672, une ordonnance fut rendue pour restreindre cet abus. « Le luxe et la bonne chère, dit Saint-Simon à la fin du siècle, avaient corrompu les armées; on y était servi avec la même délicatesse et le même appareil que dans les villes et aux meilleures tables.

1. Hermippe paraît être le « bonhomme Villayer », conseiller du roi et académicien mort en 1691, l'année même où parut ce portrait. Il était « plein, dit Saint-Simon, d'inventions singulières.... Il avait disposé à sa portée dans son lit une horloge avec un fort grand cadran, dont les chiffres des heures étaient creux et remplis d'épices différentes, en sorte que, conduisant son doigt le long de l'aiguille

sur l'heure qu'elle marquait, ou au plus près de la division de l'heure, il goûtait ensuite, et par le goût et la mémoire connaissait la nuit l'heure qu'il était. C'est lui aussi qui a inventé ces chaises volantes qui, par des contrepoids, montent et descendent seules entre deux murs, à l'étage qu'on veut, en s'asseyant dedans, par le seul poids du corps et s'arrêtant où l'on veut.»

2. *Praticables*, réalisables.

3. « L'usage de où [pour les pronoms relatifs], élégant et commode », disait Vaugelas en 1647, a été général chez tous les bons écrivains du XVIIe siècle.

4. *Tracasser*, « verbe neutre : se remuer, se tourmenter pour peu de chose. » *Dict. de l'Académie*, 1691.

5. « Se dit du train, de la suite, des hardes (vêtements). » *Ibidem.*

et plus commodes à son gré que ceux mêmes dont les ouvriers se servent ; il en a de nouveaux et d'inconnus, qui n'ont point de nom, productions de son esprit, et dont il a presque oublié l'usage. Nul ne se peut comparer à lui pour faire en peu de temps et sans peine un travail fort inutile. Il faisait dix pas pour aller de son lit dans sa garde-robe, il n'en fait plus que neuf par la manière dont il a su tourner sa chambre : combien de pas épargnés dans le cours d'une vie ! Ailleurs l'on tourne la clef, l'on pousse contre, ou l'on tire à soi, et une porte s'ouvre : quelle fatigue ! voilà un mouvement de trop qu'il sait s'épargner ; et comment ? c'est un mystère qu'il ne révèle point. Il est, à la vérité, un grand maître pour le ressort et pour la mécanique, pour celle du moins dont tout le monde se passe. Hermippe tire le jour de son appartement d'ailleurs que de la fenêtre ; il a trouvé le secret de monter et de descendre autrement que par l'escalier, et il cherche celui d'entrer et de sortir plus commodément que par la porte.

¶ Il y a déjà longtemps que l'on improuve[1] les médecins et que l'on s'en sert ; le théâtre et la satire ne touchent point à leurs pensions ; ils dotent leurs filles, placent leurs fils aux parlements[2] et dans la prélature, et les railleurs eux-mêmes fournissent l'argent. Ceux qui se portent bien deviennent malades ; il leur faut des gens dont le métier soit de les assurer qu'ils ne mourront point. Tant que les hommes pourront mourir, et qu'ils aimeront à vivre, le médecin sera raillé et bien payé.

¶ Un bon médecin est celui qui a des remèdes spécifiques[3], ou, s'il en manque, qui permet à ceux qui les ont de guérir son malade.

¶ La témérité des charlatans, et leurs tristes succès[4]

1. On désapprouve, on critique. « C'est un mariage improuvé. » Sévigné. Ce mot, aujourd'hui peu usité, se trouve aussi dans Pascal et dans Bossuet.

2. Voy. page 17, note 8.
3. Propres à chaque maladie.
4. « Le funeste succès n'a que trop justifié nos discours. » Sévigné.

qui en sont les suites font valoir la médecine et les médecins : si ceux-ci laissent mourir, les autres tuent.

¶ *Carro Carri*[1] débarque avec une recette qu'il appelle
un prompt remède, et qui quelquefois est un poison lent :
c'est un bien de famille, mais amélioré en ses mains; de
spécifique qu'il était contre la colique, il guérit de la fièvre
quarte, de la pleurésie, de l'hydropisie, de l'apoplexie, de
l'épilepsie. Forcez un peu votre mémoire, nommez une
maladie, la première qui vous viendra en l'esprit : l'hémor-
rhagie, dites-vous? il la guérit. Il ne ressuscite personne,
il est vrai; il ne rend pas la vie aux hommes; mais il les
conduit nécessairement jusqu'à la décrépitude, et ce n'est
que par hasard que son père et son aïeul, qui avaient ce
secret, sont morts fort jeunes. Les médecins reçoivent pour
leurs visites ce qu'on leur donne; quelques-uns se contentent d'un remerciement : Carro Carri est si sûr de son remède, et de l'effet qui en doit suivre, qu'il n'hésite pas de
s'en faire payer d'avance, et de recevoir avant que de donner. Si le mal est incurable, tant mieux : il n'en est que
plus digne de son application et de son remède[2]. Commen-
cez par lui livrer quelques sacs de mille francs, passez-lui
un contrat de constitution[3], donnez-lui une de vos terres,
la plus petite, et ne soyez pas ensuite plus inquiet que lui
de votre guérison. L'émulation de cet homme a peuplé le
monde de noms en O et en I, noms vénérables, qui impo-
sent aux malades et aux maladies. Vos médecins, Fagon[4],

---

1. Carctti, empirique qui était
venu d'Italie. La guérison des ducs
de la Feuillade et de Caderousse,
qui, abandonnés des médecins, s'é-
taient confiés à ses soins, l'avait mis
en très grande réputation. Il se
faisait payer fort cher et à l'avance.

2. TOINETTE, *en médecin.* « Je
voudrais, monsieur, que vous fus-
siez abandonné de tous les médecins, désespéré, à l'agonie, pour

vous montrer l'excellence de mes
remèdes. » Molière, *le Malade imaginaire,* III, 11.

3. De rente.

4. Fagon, « grand botaniste,
grand chimiste, habile connaisseur
en chirurgie, et l'ennemi le plus
implacable des charlatans », suivant
l'expression de Saint-Simon, venait
de succéder à Daguin dans la charge
de premier médecin du roi.

et de toutes[1] les facultés, avouez-le, ne guérissent pas toujours, ni sûrement : ceux, au contraire, qui ont hérité de leurs pères la médecine pratique, et à qui l'expérience est échue par succession, promettent toujours, et avec serments, qu'on guérira. Qu'il est doux aux hommes de tout espérer d'une maladie mortelle, et de se porter encore passablement bien à l'agonie! La mort surprend agréablement et sans s'être fait craindre; on la sent plus tôt qu'on n'a songé à s'y préparer et à s'y résoudre. O FAGON ESCULAPE! faites régner sur toute la terre le quinquina et l'émétique[2]; conduisez à sa perfection la science des simples[3], qui sont donnés aux hommes pour prolonger leur vie[4]; observez dans les cures, avec plus de précision et de sagesse que personne n'a encore fait, le climat, les temps, les symptômes et les complexions; guérissez de la manière seule qu'il convient à chacun d'être guéri; chassez des corps, où rien ne vous est caché de leur économie, les maladies les plus obscures et les plus invétérées; n'attentez pas sur celles de l'esprit, elles sont incurables; laissez à *Corinne*, à *Lesbie*, à *Canidie*, à *Trimalcion*, et à *Carpus*, la passion ou la fureur des charlatans.

¶ L'on souffre dans la république les chiromanciens[5] et les devins, ceux qui font l'horoscope et qui tirent la figure[6], ceux qui connaissent le passé par le mouvement du *sas*[7],

1. Et ceux de toutes....

2. Fagon était l'un des défenseurs du quinquina, qui, importé en France vers le milieu du dix-septième siècle et récemment mis à la mode, avait été l'objet de discussions très vives. La Fontaine en célébra les mérites dans un poème. Comme le quinquina, l'émétique avait d'ardents adversaires, par exemple, le médecin et savant Guy Patin.

3. Herbes, plantes.

4. « Tout mal a son remède au sein de la nature; ‖ Nous n'avons qu'à chercher.... » La Fontaine, *Le Quinquina*, ch. ii.

5. Charlatans qui prédisent l'avenir en inspectant la main.

6. *Qui tirent la figure*, c'est-à-dire les astrologues. « On appelle *figure d'astrologie* la description du ciel et la position des astres, à une certaine heure, par rapport à l'horoscope qu'on fait pour les personnes. » *Dictionnaire de l'Académie*, 1694.

7. Le *sas*, ou tamis, que des charlatans faisaient tourner à la requête des bonnes gens qui avaient

ceux qui font voir dans un miroir ou dans un vase d'eau la claire vérité ; et ces gens sont en effet de quelque usage : ils prédisent aux hommes qu'ils feront fortune, aux filles qu'elles épouseront leurs amants, consolent les enfants dont les pères ne meurent point, et charment l'inquiétude des jeunes femmes qui ont de vieux maris ; ils trompent enfin à très vil prix ceux qui cherchent à être trompés.

¶ Que penser de la magie et du sortilège? La théorie en est obscure, les principes vagues, incertains, et qui approchent du visionnaire[1] ; mais il y a des faits embarrassants, affirmés par des hommes graves qui les ont vus ou qui les ont appris de personnes qui leur ressemblent : les admettre tous ou les nier tous paraît un égal inconvénient ; et j'ose dire qu'en cela, comme dans toutes les choses extraordinaires et qui sortent des communes règles, il y a un parti[2] à trouver entre les âmes crédules et les esprits forts[3].

¶ L'on ne peut guère charger l'enfance de la connaissance de trop de langues, et il me semble que l'on devrait mettre toute son application à l'en instruire : elles sont utiles à toutes les conditions des hommes, et elles leur ouvrent également l'entrée ou à une profonde ou à une facile et agréable érudition. Si l'on remet cette étude si pénible à un âge un peu plus avancé et qu'on appelle[4] la jeunesse, ou l'on n'a pas la force de l'embrasser par choix, ou l'on n'a pas celle d'y persévérer ; et si l'on y persévère,

---

perdu quelque objet, devait s'arrêter au moment où l'on nommait la personne qui l'avait dérobé.

1. Au neutre : de l'*état visionnaire*. La Bruyère dit de même ailleurs *le despotique*, pour l'*état despotique*.

2. *Un parti*, du vieux verbe *partir* (partager) ; un « partage » ; une résolution moyenne, ou une conduite, ou une opinion qui tienne à la fois des deux extrêmes.

3. A l'époque où La Bruyère écri-

vait cette remarque, on se préoccupait vivement de charlatans qui prétendaient découvrir, à l'aide d'une baguette, les voleurs, les assassins, etc. La confiance qu'ils inspirèrent un instant fut si générale que la justice eut recours à l'un d'eux dans une enquête.

4. Tour fréquent chez La Bruyère: « Le mystérieux jargon de la médecine *et qui est* une mine d'or [pour les médecins]. » (*Des Jugements.*)

c'est consumer à la recherche des langues le même temps
qui est consacré à l'usage que l'on en doit faire ; c'est bor-
ner à la science des mots un âge qui veut déjà aller plus
loin, et qui demande des choses; c'est au moins avoir
perdu les premières et les plus belles années de sa vie. Un
si grand fonds ne se peut bien faire[1] que lorsque tout
s'imprime dans l'âme naturellement et profondément ;
que la mémoire est neuve, prompte et fidèle; que l'esprit
et le cœur sont encore vides de passions, de soins et de
désirs, et que l'on est déterminé à de longs travaux par
ceux de qui l'on dépend[2]. Je suis persuadé que le petit
nombre d'habiles, ou le grand nombre de gens superfi-
ciels, vient de l'oubli de cette pratique.

¶ L'étude des textes ne peut jamais être assez recommandée;
c'est le chemin le plus court, le plus sûr et le plus agréable
pour tout genre d'érudition. Ayez les choses de la première
main, puisez à la source; maniez, remaniez le texte, appre-
nez-le de mémoire, citez-le dans les occasions, songez surtout à en pénétrer le sens dans toute son étendue et dans
ses circonstances; conciliez[3] un auteur original, ajustez[4] ses
principes, tirez vous-même les conclusions. Les premiers
commentateurs se sont trouvés dans le cas où je désire
que vous soyez : n'empruntez leurs lumières et ne suivez
leurs vues qu'où[5] les vôtres seraient trop courtes; leurs
explications ne sont pas à vous, et peuvent aisément vous
échapper : vos observations, au contraire, naissent de votre

---

1. Un fonds de science aussi considérable ne se peut acquérir.

2. La théorie toute contraire de
Malebranche est beaucoup moins
juste, en somme : « Il faut étudier
les langues, mais c'est lorsqu'on est
assez philosophe pour savoir ce que
c'est qu'une langue, lorsqu'on sait
bien celle de son pays, lorsque le
désir de savoir les sentiments des
autres nous inspire celui de savoir
leur langage, parce qu'alors on apprend en un an ce qu'on ne peut,

sans ce désir, apprendre en dix. »
(*Traité de morale*, II, xxiii.)

3. Accordez entre elles ses pensées. Expression elliptique.

4. Accordez, conciliez. « Cet auteur dit ceci en cet endroit, il dit
cela dans un autre ; comment *ajus-
tez-vous* ces passages? » *Dict. de
l'Acad.*, 1691.

5. Où, pour *là où.* « *Où* ils volent
l'agréable, ils en excluent le solide. » *Du mérite personnel.* Voy.
p. 25, n. 3.

esprit, et y demeurent; vous les retrouvez plus ordinairement dans la conversation, dans la consultation et dans la
dispute. Ayez le plaisir de voir que vous n'êtes arrêtés
dans la lecture que par les difficultés qui sont invincibles,
où les commentateurs et les scoliastes eux-mêmes demeurent court[1], si fertiles d'ailleurs, si abondants et si chargés d'une vaine et fastueuse érudition dans les endroits
clairs, et qui ne font de peine ni à eux ni aux autres.
Achevez ainsi de vous convaincre, par cette méthode d'étudier, que c'est la paresse des hommes qui a encouragé le
pédantisme à grossir plutôt qu'à enrichir les bibliothèques,
à faire périr le texte sous le poids des commentaires; et
qu'elle a en cela agi contre soi-même et contre ses plus
chers intérêts, en multipliant les lectures, les recherches
et le travail, qu'elle cherchait à éviter.

¶ Qui[2] règle les hommes dans leur manière de vivre et
d'user des aliments? La santé et le régime? Cela est dou-
teux. Une nation entière mange les viandes après les fruits,
une autre fait tout le contraire; quelques-uns commen-
cent leurs repas par de certains fruits, et les finissent par
d'autres; est-ce raison? est-ce usage? Est-ce par un soin
de leur santé que les hommes s'habillent jusqu'au menton,
portent des fraises et des collets[3], eux qui ont eu si longtemps la poitrine découverte[4]? Est-ce par bienséance,
surtout dans un temps où ils avaient trouvé le secret de
paraître nus tout habillés[5]? Et d'ailleurs, les femmes, qui
montrent leur gorge et leurs épaules, sont-elles d'une
complexion moins délicate que les hommes, ou moins

1. *Demeurer court* : « perdre ce
qu' [on] voulait dire et ne plus savoir où [on] en est. » *Académie*,
1694.

2. *Qui*, pour *qu'est-ce qui*. *Qui*
interrogatif pouvait encore, au dix-
septième siècle, s'employer pour les
choses. « Je ne sais *qui* m'arrête. »
Racine. « *Qui* fait l'oiseau? C'est le
plumage. » La Fontaine.

3. La mode des *collets* et des
fraises (sorte de cols en toile,
avec trois ou quatre rangs, plissés,
tuyautés et empesés) commença
sous Henri III; elle était abandonnée
du temps de l'auteur.

4. Comme sous François I".

5. Alors qu'ils montraient entiè-
rement leurs jambes, couvertes de
bas de soie.

sujettes qu'eux aux bienséances? Quelle est la pudeur qui engage celles-ci à couvrir leurs jambes et presque leurs pieds, et qui leur permet d'avoir les bras nus au-dessus du coude? Qui avait mis autrefois dans l'esprit des hommes qu'on était à la guerre ou pour se défendre ou pour attaquer, et qui leur avait insinué l'usage des armes offensives et des défensives? Qui les oblige aujourd'hui de renoncer à celles-ci, et, pendant qu'ils se bottent pour aller au bal, de soutenir sans armes et en pourpoint des travailleurs exposés à tout le feu d'une contrescarpe[1]? Nos pères, qui ne jugeaient pas une telle conduite utile au prince et à la patrie, étaient-ils sages ou insensés? Et nous-mêmes, quels héros célébrons-nous dans notre histoire? Un Guesclin, un Clisson, un Foix, un Boucicaut[2], qui tous ont porté l'armet[3] et endossé une cuirasse. Qui pourrait rendre raison[4] de la fortune de certains mots et de la proscription de quelques autres?

Ains a péri[5] : la voyelle qui le commence, et si propre pour l'élision, n'a pu le sauver[6]; il a cédé à un autre[7] mono-

---

1. La *contrescarpe* est la pente intérieure du mur extérieur du fossé. Par extension, ce mot désigne le chemin couvert d'où tire l'artillerie de la place.

2. Du Guesclin (1314-1380) connétable de France sous Charles V. — Olivier de Clisson (1332-1407), connétable de France sous Charles VI. — Gaston de Foix, surnommé Phœbus, vicomte de Béarn (1331-1191). — Jean le Maingre de Boucicaut, maréchal de France (1364-1421).

3. Armure de tête.

4. Transition peu heureuse.

5. Il sera bon de comparer, avec ces regrets de La Bruyère, le chap. III de la *Lettre à l'Académie* de Fénelon et les lettres du 20 août 1761 et du 5 janvier 1767 de Vol-
taire à l'abbé d'Olivet, dans les recueils de *Lettres choisies*. Cf. Vaugelas, *Remarques sur la Langue française*, édit. Chassang, avec les notes des commentateurs successifs du célèbre grammairien; et, de nos jours, A. Darmsteter, *La vie des mots*, Littré, *Comment les mots changent de sens*, M. Bréal, *L'histoire des mots*. Cf. p. 38. n. 8.

6. La Mothe Le Vayer, en 1638, se plaignait déjà que « *ains* » disparût de l'usage.

7. *Mais.* (*Note de La Bruyère.*) — On ne sait trop ce que signifie cette remarque. *Mais* n'est point l'anagramme d'*ains* et n'en dérive évidemment pas. *Ains* vient de la préposition latine *ante*, et *mais* de l'adverbe latin *magis*.

syllabe, et qui n'est [1] au plus que son anagramme. *Certes*
est beau dans sa vieillesse, et a encore de la force sur son
déclin [2] : la poésie le réclame, et notre langue doit beaucoup
aux écrivains qui le disent en prose, et qui se commettent
pour lui dans leurs ouvrages. *Maint* est un mot qu'on ne
devait jamais abandonner, et par la facilité qu'il y avait à
le couler dans le style, et par son origine, qui est française [3]. *Moult*, quoique latin [4], était dans son temps d'un
même mérite, et je ne vois pas par où *beaucoup* l'emporte
sur lui. Quelle persécution le *car* [5] n'a-t-il pas essuyée [6] ! et,
s'il n'eût trouvé de la protection parmi les gens polis, n'était-
il pas banni honteusement d'une langue à qui il a rendu

1. Voy. p. 29, note 4.
2. « Ce mot, écrit Bouhours, ne se dit plus dans la conversation que par les Gascons ; mais il se dit encore dans les histoires, dans les cours d'éloquence, dans tous les ouvrages dogmatiques ; et il a quelque chose d'énergique qui soutient et qui anime les endroits passionnés ou raisonnés. » (*Suite des Rem. nouv. sur la langue française*, 1692.) *Certes* était l'affirmation coutumière des protestants, qui ne juraient pas.
3. Du moins n'est-elle pas latine. Est-elle celtique ? Est-elle germanique ? On l'ignore. — *Maint*, « vieux mot burlesque », dit Riche-let en 1680. L'Académie, en 1694, en réduit l'usage à la poésie.
4. *Moult, multum.*
5. Voiture a été, avec Vaugelas et Desmarets, l'un des défenseurs de *car*, que des puristes voulaient proscrire. « *Car* étant d'une si grande considération dans notre langue, écrit-il à M** de Rambouillet, j'approuve extrêmement le ressentiment que vous avez du tort qu'on veut lui faire ; en un temps où la fortune joue des tragédies

par tous les endroits de l'Europe, je ne vois rien si digne de pitié que quand je vois que l'on est prêt de chasser et faire le procès à un mot qui a si utilement servi cette mo-narchie (allusion à la formule des actes royaux, *car tel est notre plaisir*), et qui, dans toutes les brouilleries du royaume, s'est tou-jours montré bon Français. Pour moi, je ne puis comprendre quelles raisons ils pourront alléguer contre une diction (*un mot*) qui marche toujours à la tête de la raison et qui n'a point d'autre charge que de l'introduire ; je ne sais pour quel intérêt ils tâchent d'ôter à *car* ce qui lui appartient, pour le donner à *pour ce que*, ni pourquoi ils veu-lent dire avec trois mots ce qu'ils peuvent dire avec trois lettres. » « De *car* viennent les lois, sans *car* point d'ordonnance. || Que de-viendrait sans *car* l'autorité du roi ? » Saint-Evremond, *Comédie des Académistes* (1650), III, 3.
6. Vers 1632. C'est alors que Gom-berville, composant son roman de *Polexandre* (4 vol. in-4°), se fai-sait gloire (à tort, dit-on) de n'y avoir pas admis un seul *car*

de si longs services, sans qu'on sût quel mot lui substituer?
Cil[1] a été, dans ses beaux jours, le plus joli mot de la langue française; il est douloureux pour les poètes qu'il ait vieilli. *Douloureux* ne vient pas plus naturellement de *douleur* que de *chaleur* vient *chaleureux*[2] ou *chaloureux*[3] : celui-ci se passe, bien que ce fût une richesse pour la langue, et qu'il se dise fort juste où *chaud* ne s'emploie qu'improprement. *Valeur* devait aussi nous conserver *valeureux*[4]; haine, *haineux*[5]; peine, *peineux*[6]; fruit, *fructueux*[7]; pitié, *piteux*[8]; joie, *jovial*[9]; foi, *féal*[10]; cour, *courtois*[11]; gite,

1. Celui. — Il y avait une sorte de déclinaison dans l'ancienne langue française. *Cil* ou *icil* (*ecce ille*) était le nominatif singulier masculin, *cele* ou *icele* le nominatif singulier féminin; *cel* ou *icel, icelui* ou *celui* s'employaient au régime singulier pour les deux genres. La déclinaison a disparu, et *celui* est seul resté pour le masculin singulier.

2. Peut-être ce passage des *Caractères* n'a-t-il pas été inutile, comme les remarques suivantes vont le montrer, pour la conservation de quelques-uns des mots qui tombaient en désuétude. Pour *chaleureux*, tout d'abord, nous voyons qu'en 1680 Richelet ne l'avait point mentionné; qu'en 1690 Furetière le donne comme à peu près passé de l'usage; tandis qu'en 1694 l'Académie adopte la double forme *chaleureux* et *chaloureux* sans autre commentaire que celui-ci : « Ne se dit proprement que des personnes. »

3. Forme génevoise, selon Littré.

4. *Valeureux* appartient à la poésie, selon Richelet (1680) et l'Académie (1694); Furetière (1690) l'enregistre sans commentaire, et il a survécu.

5. *Haineux*, présenté par Fure-

tière comme un vieux mot, est accepté sans réserve par l'Académie.

6. *Peineux* n'est admis par Furetière et par l'Académie que dans l'expression « semaine peneuse » (*sic*) (semaine sainte).

7. *Fructueux* n'est admis par Richelet, Furetière et l'Académie qu'au figuré. La Bruyère s'est servi de ce mot.

8. *Piteux :* expression du style simple et comique », dit Richelet. Admis par les deux autres dictionnaires.

9. *Jovial*, omis par Richelet, est reçu par Furetière et par l'Académie. La Bruyère s'en est servi en l'imprimant en italiques.

10. *Féal*, « quelquefois burlesque », selon Richelet, « terme de chancellerie », selon Furetière, a sa place dans le *Dictionnaire des Arts et des Sciences* publié en 1694 par l'Académie à la suite de son *Dictionnaire de la langue*.

11. *Courtois :* condamné comme « provincial » par Marguerite Buffet (*Nouvelles Observations sur la langue française*, 1668), par Bouhours (*Remarques nouvelles sur la langue*, 1675), et considéré par Caillières (*Du bon et du mauvais usage dans les manières de s'ex-*

gisant[1]; *haleine, halené*[2]; *vanterie, vantard*[3]; *mensonge, mensonger*[4]; *coutume, coutumier*[5] : comme *part* maintient *partial; point, pointu* et *pointilleux; ton, tonnant; son, sonore; frein, effréné; front, effronté; ris, ridicule; loi, loyal; cœur, cordial; bien, bénin; mal, malicieux. Heur*[6] se plaçait où *bonheur* ne saurait entrer; il a fait *heureux*, qui est si français, et il a cessé de l'être : si quelques poètes s'en sont servis, c'est moins par choix que par contrainte de la mesure. *Issue* prospère, et vient d'*issir*[7], qui est aboli. *Fin* subsiste sans conséquence pour *finer*[8], qui vient de lui, pendant que *cesse* et *cesser* règnent également. *Verd* ne fait plus *verdoyer*[9]; ni *fête, fêtoyer*[10]; ni *larme, larmoyer*[11]; ni

---

primer, 1693, cité par Chassang, *La Bruyère*, II, p. 77), comme sorti du « bel usage » et du « commerce des gens du monde », *courtois* est rétabli par Furetière et par l'Académie.

1. *Gisant*, omis par Richelet, est accepté par Furetière et par l'Académie. La Bruyère a employé la forme *git* en l'imprimant en italique.

2. *Halener*, relégué par Richelet et par Furetière dans le style figuré et dans le style comique, est admis avec plusieurs sens par l'Académie en 1694. « *Halener*, sentir l'haleine de quelqu'un..., infecter [quelqu'un] de ses maximes...; se dit aussi des chiens de chasse, qui prennent l'odeur d'une bête, etc. »

3. *Vantard* est rejeté par les trois dictionnaires, qui n'admettent que *vanteur*.

4. *Mensonger*, accepté par Richelet, est « hors d'usage » selon Furetière, et plutôt « poétique » selon l'Académie.

5. *Coutumier*, selon Richelet, n'appartenait qu'à la langue du Palais. L'Académie le tient pour « vieux et bas » et semble en

restreindre l'usage à la poésie : « *sa beauté coutumière* ». Furetière l'enregistre sans restriction.

6. *Heur* était « bas », selon Richelet; Furetière et l'Académie le reçoivent sans réserves.

7. *Issir*. Les trois dictionnaires consacrent cette abolition, d'où le participe *issu* a survécu seul. (*Issir* — de *exire* — signifiait *sortir*).

8. *Finer*, verbe qui dans l'ancien français, avait le sens : 1° de *terminer*; 2° de *payer* (financer); 3° de *trouver*. (Sainte-Palaye.) On le trouve encore au seizième siècle : « Ores je veux de ma main ‖ Me tuer pour voir soudain ‖ Toutes mes douleurs *finées*. » Ronsard (dans le *Dictionnaire* de Godefroy); — mais il avait disparu complètement au dix-septième siècle. Il ne se trouve dans aucun des trois grands dictionnaires.

9. *Verdoyer*, omis par Richelet; donné comme « vieux » par l'Académie.

10. *Festoyer*. omis par Richelet, est accueilli par Furetière et l'Académie.

11. Omis par Richelet, donné

deuil, *se douloir, se condouloir*[1]; ni *joie, s'éjouir*[2], bien qu'il
fasse toujours *se réjouir, se conjouir*[3], ainsi qu'*orgueil, s'énor-
gueillir*. On a dit *gent*[4]: le corps *gent;* ce mot si facile non
seulement est tombé, l'on voit même qu'il a entraîné *gentil*[5] dans sa chute. On dit *diffamé*, qui dérive de *fame*[6], qui
ne s'entend plus. On dit *curieux*, dérivé de *cure*[7], qui est
hors d'usage. Il y avait à gagner de dire *si que*[8] pour *de*

comme « peu usité » par Furetière,
comme « vieux » par l'Académie.

1. *Douloir*, omis par Richelet,
est noté comme vieux ou presque
hors d'usage par les deux autres
dictionnaires. Se *condouloir avec
quelqu'un de la mort d'une personne* est fort bien dit, déclarait
Vaugelas en 1647. Mais un peu plus
tard, il l'abandonnait, et, après lui,
Bouhours en 1675 et Alemand (*Nouvelles Observations*) en 1688. Furetière et l'Académie conservent
l'infinitif, dont Saint-Simon, entre
autres, s'est servi.

2. *S'éjouir*, omis par les trois
grands dictionnaires du dix-septième siècle, a cependant pour lui
l'autorité de Pascal, de La Fontaine,
de Saint-Simon. (Voir Littré.)

3. *Se conjouir*. Le *Dictionnaire
de l'Ancien langage françois*, de
Sainte-Palaye, note les formes
conjoir, congoir, ou *conjouir*.
« Quand ils eurent un petit esté ensemble et *conjoûi* l'un l'autre. »
Froissart. — Ce mot est donné en
1694, sans observation, par le Dictionnaire de l'Académie; mais l'édition de 1718 marque déjà qu'il
vieillit. Dans la littérature, les
exemples postérieurs au seizième
siècle sont rares. (Voy. Littré.)

4. *Gent*, « vieux mot », dit Furetière. Voiture, Molière et les poètes légers l'ont conservé

5. *Gentil*, « autrefois mot élégant », dit le P. Bouhours; « nos
anciens auteurs s'en servent beaucoup. Tout est *gentil* parmi eux :
*le gentil rossignol, le gentil prin-
temps ; une gentille entreprise.*
Mais maintenant on n'en use point
dans les livres. » *Remarques nouvelles,* 2ᵉ édition, 1676. — De même
Richelet : « Mot vieux et burlesque
pour dire *propre....* Lorsqu'on
parle sérieusement, on dit *joli.* »
Furetière et l'Académie acceptent
gentil sans observations.

6. *Fame* « n'est en usage qu'en
cette phrase de *pratique* (c.-à-d. du
langage judiciaire, v. p. 19, n. 1) :
*rétabli en sa bonne fame et re-
nommée.* » Furetière, Académie.

7. Omis, dans le sens de *soin*, par
Richelet. Selon Furetière et l'Académie, il n'est plus d'usage que
dans le proverbe : « On a beau prêcher à qui n'a *cure* de bien faire. »
La Fontaine, Saint-Simon, P.-L. Cou-
rier l'ont employé. (Voy. Littré.)

8. *Si que*, « bien que très familier, écrit Vaugelas (*Remarques,*
1647), à plusieurs personnes qui
sont en réputation d'une haute éloquence », est « tout à fait bar-
bare ». Du reste, il condamne aussi
de façon que, de manière que,
comme des locutions très peu élé-
gantes. « Il faut dire : *si bien que,
de sorte que, tellement que.* »

sorte que, ou *de manière que; de moi*[1], au lieu de *pour moi*[2] ou de *quant à moi,* de dire *je sais que c'est qu'un mal*[3], plutôt que *je sais ce que c'est qu'un mal,* soit par l'analogie latine, soit par l'avantage qu'il y a souvent à avoir un mot de moins à placer dans l'oraison[4]. L'usage a préféré *par conséquent* à *par conséquence,* et *en conséquence* à *en conséquent*[5], *façons de faire* à *manières de faire,* et *manières d'agir* à *façons d'agir...;* dans les verbes, *travailler* à *ouvrer*[6], *être accoutumé* à *souloir*[7], *convenir* à *duire*[8], *faire du bruit* à *bruire*[9], *injurier* à *vilainer*[10], *piquer*

L'Académie dans ses *Observations de 1704 sur Vaugelas,* admet *de manière que, de façon que,* « qui sont dans les ouvrages des meilleurs auteurs ».

1. Malherbe est l'un des derniers écrivains qui aient employé cette locution : « *De moi,* toutes les fois que j'arrête les yeux. » Vaugelas et Ménage auraient voulu garder, au moins en poésie, cette formule « fort bonne et fort élégante ».

2. Les mêmes grammairiens voulaient réserver *pour moi* à la prose. *Quant à moi,* condamné par Bouhours et Ménage, a survécu.

3. Corneille : *Horace,* V, 2 : « Le roi ne sait *que* c'est d'honorer à demi. » Racine : Je ne sais *qu'est* devenu mon fils. » Néanmoins Vaugelas, dès 1647, notait cette forme comme surannée, et l'Académie, en 1704 (*Observat. sur Vaugelas*), déclare que c'est » une façon de parler très vicieuse ».

4. Dans le discours, sens employé plusieurs fois par La Bruyère.

5. Ces locutions sont maintenant employées indifféremment.

6. *Ouvrer* n'était plus guère en usage au dix-septième siècle qu'en cette phrase : « Il est défendu d'ou-

vrer (de travailler, *operari*) les dimanches et fêtes. » Furetière.

7. *Souloir* (de *solere*). « On le dit encore en pratique (en langage judiciaire). » Furetière. « Vieux et hors d'usage. » Richelet, Académie.

8. *Duire* (de *ducere*), « s'est employé jusqu'au commencement du dix-septième siècle. On trouve dans le dictionnaire de Nicot [1606] : « Ces choses *duisent* à la santé. » Danet [*Dictionnaire,* 1677] donne *duire,* actif et neutre. » Godefroy, *Dict. de l'ancien français.* « Burlesque », selon Richelet, « bas », suivant l'Académie, il est accepté par Furetière. La Fontaine et Diderot s'en sont encore servis, et on le conserve de nos jours dans certaines provinces. Voy. Littré.

9. *Bruire,* accepté par Richelet, Furetière et l'Académie. Furetière seul en restreint l'usage au *vent,* au *tonnerre,* etc.

10. *Vilainer* n'est donné par aucun des trois dictionnaires. « *Vilener,* souiller. » « *Vilener* la face de boue. » Robert Estienne (*Dict.* de Sainte-Palaye). La Bruyère emploie ce mot dans un passage (Ch. *de la Cour*) où il pastiche l'ancien français.

à *poindre*[1], *faire ressouvenir* à *ramentevoir*[2]...; et dans les noms, *pensées* à *pensers*[3], un si beau mot, et dont le vers se trouvait si bien! *grandes actions* à *prouesses*[4], *louanges* à *loz*[5], *méchanceté* à *mauvaistié*[6], *porte* à *huis*, *navire* à *nef*, *armée* à *ost*, *monastère* à *monstier*, *prairies* à *prées*...; tous mots qui pouvaient durer ensemble d'une égale beauté[7] et rendre une langue plus abondante[8]. L'usage a, par l'addition,

1. *Poindre* (*pungere*), pour *offenser*, est « français, dit Richelet, mais peu usité ». Selon Furetière et l'Académie, il n'a plus guère d'usage que dans la phrase proverbiale : « Oignez vilain, il vous *poindra* ; *poignez* vilain, il vous oindra. »

2. Donné par Furetière seul, et comme *vieux*. (*Re-ad-mentem-habere.*)

3. Richelet et l'Académie n'admettent *pensers* qu'en poésie ; Furetière seul l'accueille sans réserves. Voyez dans Littré de nombreux exemples de ce beau mot que nos meilleurs écrivains ne se décident pas à laisser périr.

4. « Les délicats du temps », à la suite de Vaugelas, bannissaient ce mot du « beau style. » Thomas Corneille (édition de Vaugelas, 1687) et Furetière (1690) protestent timidement contre cette exclusion, que l'Académie, en 1704, confirme : « *Prouesse* ne peut s'employer qu'en mauvaise part ou par plaisanterie. » Ce mot se rattache à *preux*, dont l'étymologie est incertaine : *pro* (avant, devant) ou *probus*.

5. *Los* est renvoyé par Richelet et l'Académie au *burlesque*. Régnier, La Fontaine, Saint-Simon, Victor Hugo, pour ne citer qu'eux, ne l'en ont pas moins employé. Voy. Littré.

6. *Mauvaistié* est donné seulement par Furetière. Très usité au seizième siècle (Marot, Baïf, Montaigne, cités par Godefroy, *Dictionnaire*), *mauvaistié* se trouve encore dans quelques écrivains du dix-septième (Régnier, D'Urfé). *Prées* ne se trouve plus dans les dictionnaires du temps ; *huis* (*ostium*) y est représenté comme un mot qui vieillit et qui même est tombé en désuétude hors du Palais ; *nef* (*navis*), comme un mot de la langue poétique et du style burlesque, ou encore comme un vieux mot conservé dans les enseignes ; *monstier* (*monasterium*), que l'on prononçait en général *moutier*, — et *ost* (*hostis*), comme des termes désormais inusités en dehors de quelques expressions proverbiales.

7. *De* pour *avec* : fréquent chez La Bruyère et au XVIIe siècle. « Combattant *de* rage. » Corneille (*Menteur*, I, 5). « Là *d*'une volupté selon moi fort petite.... Il entassait toujours. » La Fontaine, XII, 5. « Tout suit en elle *de* la même force. » Bossuet (*Or. fun. d'Anne de Gonzague*).

8. Pour prendre une idée des scrupules et des discussions que l'usage de ces différents mots souleva au XVIIe siècle, il faut parcourir les *Advis et présens de* Mlle *de Gournay*, 1641; Saint-Évremond, *la Comédie des Académistes*, 1643; Somaize, le

la suppression, le changement ou le dérangement de quelques lettres [1], fait *frelater* de *fralater* [2], *prouver* de *preuver*, *profit* de *proufit*, froment de *froument*, *profit* de *pourfil*, *provision* de *pourveoir*, *promener* de *pourmener*, et *promenade* de *pourmenade*. Le même usage fait, selon l'occasion, d'*habile*, d'*utile*, de *facile*, de *docile*, de *mobile* et de *fertile*, sans y rien changer, des genres différents : au contraire de *vil*, *vile*; *subtil*, *subtile*, selon leur terminaison, masculins ou féminins [3]. Il a altéré les terminaisons anciennes : de *scel* il a fait *sceau*; de *mantel*, *manteau*; de *capel*, *chapeau*; de *coutel*, *couteau*; de *hamel*, *hameau*; de *damoisel*, *damoiseau*; de *jouvencel* [4], *jouvenceau*; et cela sans que l'on voie guère ce que la langue française gagne à ces différences et à ces changements. Est-ce donc faire pour [5] le progrès d'une

Dictionnaire des Précieuses; les *Remarques* de Vaugelas (1647) avec les commentaires d'Alemand, de Patru et de Thomas Corneille, et de l'Académie française (1676-1704); la *Requête des Dictionnaires* et les *Observations* (1673-76) de Ménage sur Vaugelas; la *Guerre civile des Français sur la Langue* (1688), par Alemand ; les *Nouvelles observations* de Marguerite Buffet (1668), les ouvrages du P. Bouhours (1671-1692; v. *supra*, p. 33 et 36) et de Caillières (1690-95; v. *supra*, p. 34); etc.

1. Voir les *Grammaires historiques* contemporaines de Brachet, Clédat, Brunot, Chassang, etc.

2. *Fralater* est en effet la forme habituelle au seizième siècle. Ce mot vient du flamand *verlaten*. — *Preuver* est encore donné en 1680 par Richelet. — On a dit aussi *fourment* avant de venir à *froment*. — La remarque de La Bruyère sur les mots *pourfit*, *pourveoir*, etc., est juste en ce sens que, dans la formation du français populaire, le *pro* latin est devenu *pour*; c'est généralement par l'influence des savants que l'on en est revenu à la forme *pro*.

3. Les adjectifs en *il* que cite La Bruyère viennent des mots latin qui ont un *i* long et portant l'accent; tandis que les adjectifs en *ile* (pour les deux genres) ont eu latin un *i* bref et atone. Ces derniers sont entrés secondairement dans la langue française : la forme ancienne tirée de *mobilis* était *meuble* ; de *facilis*, *fele*.

4. Ces mots, au moyen âge, se terminaient au cas sujet singulier et au cas régime pluriel en *els* ou en *aus*, *iaus*; au cas régime singulier et au cas sujet pluriel en *el*. C'est la forme *aus* qui, perdant son *s*, a fini par prévaloir dans les noms que cite ici notre auteur. Il n'est pas exact de dire que l'on ait fait *sceau* de *scel*, *manteau* de *mantel*, etc.

5. *Faire pour*,.. Contribuer à... travailler pour : « Soyons à notre tour de leur grandeur jaloux, ‖ Et

langue que de déférer à l'usage? Serait-il mieux de secouer
le joug de son empire si despotique? Faudrait-il, dans une
langue vivante, écouter la seule raison, qui prévient les
équivoques, suit la racine des mots et le rapport qu'ils ont
avec les langues originaires dont ils sont sortis, si la raison, d'ailleurs, veut qu'on suive l'usage[1]?

Si nos ancêtres ont mieux écrit que nous, ou si nous
l'emportons sur eux par le choix des mots, par le tour et
l'expression, par la clarté et la brièveté du discours, c'est
une question souvent agitée, toujours indécise : on ne la
terminera point en comparant, comme l'on fait quelquefois,
un froid écrivain de l'autre siècle aux plus célèbres de
celui-ci, ou les vers de Laurent[2], payé pour ne plus écrire,
à ceux de MAROT[3], et de DESPORTES[4]. Il faudrait, pour prononcer juste sur cette matière, opposer siècle à siècle, et
excellent ouvrage à excellent ouvrage, par exemple, les
meilleurs rondeaux de BENSERADE[5] ou de VOITURE[6] à ces

---

comme *ils font pour* eux, *faisons
aussi pour* nous. » Corneille, *Nico-
mède*, dans le Lexique de Godefroy.
« Ce que vous dites là *fait pour
moi.* » *Dict. de l'Acad.*, 1644.

1. Vaugelas et ses commentateurs
voulaient que l'on se soumît aveu-
glément à l'usage (Cf. Horace, *Ad
Pis.*, v. 71 et 72). Toutefois Vaugelas
entendait par *usage*, non pas celui
de tout le monde, mais celui d'une
élite : « la façon de parler de la plus
saine partie de la cour, conformé-
ment à la façon d'écrire de la plu
saine partie des auteurs du temps. »

2. Laurent, mauvais poète qui,
de 1685 à 1688, avait raconté en
vers les fêtes de la cour et les fêtes
de Chantilly.

3. La Bruyère a apprécié Marot
dans le chapitre *des Ouvrages de
l'Esprit* en le comparant à Ronsard
(p. 47-48 de l'édit. class. Hachette).

4. Desportes (1546-1606), poète

de cour et parfois vrai poète, presque toujours élégant et délicat, et
d'une langue généralement pure,
précurseur, selon le mot de Balzac,
de l' « art malherbien ».

5. Benserade (1612-1691), auteur
de nombreux ballets mythologiques,
très goûtés de la cour. Versificateur
facile et délicat, mais fade et subtil, il fut le digne rival de Voiture,
dont le *sonnet à Uranie* partageait
avec le *sonnet* de Benserade *sur
Job* l'admiration des contemporains. C'est aussi Benserade qui a
mis les *Métamorphoses* d'Ovide en
rondeaux.

6. Voiture (1598-1648) doit la
meilleure part de sa célébrité à sa
correspondance, où il y a des choses fort intéressantes. Il était poète
et Boileau tenait son talent en
grande estime. Il le nomme à côté
de Malherbe (*ép.* IX) et même d'Horace (*sat.* IX). Voiture a été appré-

deux-ci, qu'une tradition nous a conservés, sans nous en marquer le temps ni l'auteur[1] :

> Bien à propos s'en vint Ogier en France
> Pour le païs de mescréans monder[2] :
> Jà[3] n'est besoin de conter sa vaillance,
> Puisqu'ennemis n'osoient le regarder.

> Or, quand il eût tout mis en assurance[4],
> De voyager il voulut s'enharder[5];
> En Paradis trouva l'eau de Jouvance,
> Dont[6] il se sceut de vieillesse engarder[7]
>   Bien a propos.

> Puis par cette eau son corps tout décrépite[8]
> Transmué[9] fut par manière subite
> En jeune gars, frais, gracieux et droit.

---

cié par La Bruyère dans le chap. des *Ouvr. de l'Esprit* (p. 44 et 50) et dans celui *de la Mode* (p. 404 de l'édit. citée).

1. Comme l'a pensé M. P. Paris, sur l'autorité duquel s'est appuyé M. Walckenaer, ces deux rondeaux, composés l'un en l'honneur d'Ogier le Danois, héros des romans du cycle carlovingien, l'autre en l'honneur de Richard sans Peur, duc de Normandie (dixième siècle), doivent être des pastiches. Ils ont été probablement composés à la fin du seizième siècle, ou même plus tard, sous le règne de Louis XIII, à l'occasion d'un ballet ou d'un carrousel dans lequel auront figuré Richard sans Peur et Ogier le Danois. » (Walckenaer). Ils se trouvent dans plusieurs recueils manuscrits ou imprimés du xvii° siècle.

2. *Monder*, nettoyer, purifier, au sens moral comme au sens matériel, dans l'ancien français. On ne dit plus que *monder* de l'orge, de la casse, une plaie.

3. *Jà*, déjà. Ici *plus* parce que

la phrase est négative (*non... jam*).

4. *En assurance*, en sûreté ou en sécurité. Cette locution était encore usitée au xvii° siècle. « Vous avez bien mis ceux qui suivent vos opinions *en assurance* à l'égard de Dieu et de la conscience; vous les avez encore mis en assurance du côté des confesseurs; vous ne les avez point mis en assurance du côté des juges. » Pascal, *Provinc.*, VI. Cf. Littré.

5. Ce n'est pas *enharder*, mais *enhardyer* ou *enhardir* qui se disait au moyen âge au sens de « donner de la hardiesse ». *Enharder* existait, mais au sens de « attacher avec une corde », en parlant des chiens que l'on tient en laisse quatre à quatre.

6. *Dont* : par laquelle, ou par quoi.

7. *S'engarder*, se garder; très usité au xvi° siècle.

8. *Décrépite*, adjectif, est une forme du xvi° siècle. Au xv° siècle on disait *decrepi* (voy. Littré).

9. *Transmuer*, très usité dans

Grand dommage est que cecy soit sornettes;
Filles connoy qui ne sont pas jeunettes
A qui cette eau de Jouvance viendroit
    Bien a propos.

—

De cettuy preux maints grands clercs ont écrit
Qu'oncques dangier n'étonna son courage;
Abusé fut par le malin esprit,
Qu'il épousa sous féminin visage.

Si piteux[1] cas à la fin découvrit,
Sans un seul brin[2] de peur ni de dommage,
Dont[3] grand renom par tout le monde acquit,
Si[4] qu'on tenoit très honneste langage
    De cettuy preux.

Bien-tost après fille de roy s'éprit
De son amour, qui voulentiers s'offrit
Au bon Richard en second mariage.

Donc, s'il vaut mieux ou diable ou femme avoir,
Et qui des deux bruit[5] plus en ménage,
Ceulx qui voudront, si[6] le pourront sçavoir
    De cettuy preux[7].

l'ancienne langue française, ne se conserva que dans la langue de l'alchimie.

1. *Piteux*, digne de pitié. *Piteux* et même *pitoyable* n'ont plus duré à partir du milieu du xvii° siècle que dans le langage familier et plaisant.

2. *Brin*. Ce n'est qu'au xv° et au xvi° siècle que *brin* a pris le sens qu'il a aujourd'hui de *tige*, et, par extension, de *chose*, plus ou moins grosse, mais généralement petite. Auparavant ce mot signifiait force, orgueil, bruit. (Littré.)

3. *Dont*. Voir plus haut, p. 41, n. 6.

4. *Si que.* Voir plus haut, p. 36, n. 8.

5. *Bruire*, au moyen âge, *rendre un son* quel qu'il soit, et non pas, comme à présent, *rendre un son confus*. Corneille écrit encore (*Illus. com.*, III, 9, dans Sainte-Palaye): « Puisse tout l'univers *bruire* de votre estime! »

6. *Si*, ainsi, certes, eh bien!

7. M. Paulin-Paris remarquait justement que l'absence de tous hiatus démontrerait à la rigueur que ces deux rondeaux n'ont pu être composés avant la fin du xvi° siècle. — Nous voyons aussi que certains des mots qui y sont employés prouvent qu'ils ne sont pas du moins antérieurs au xvi° siècle.

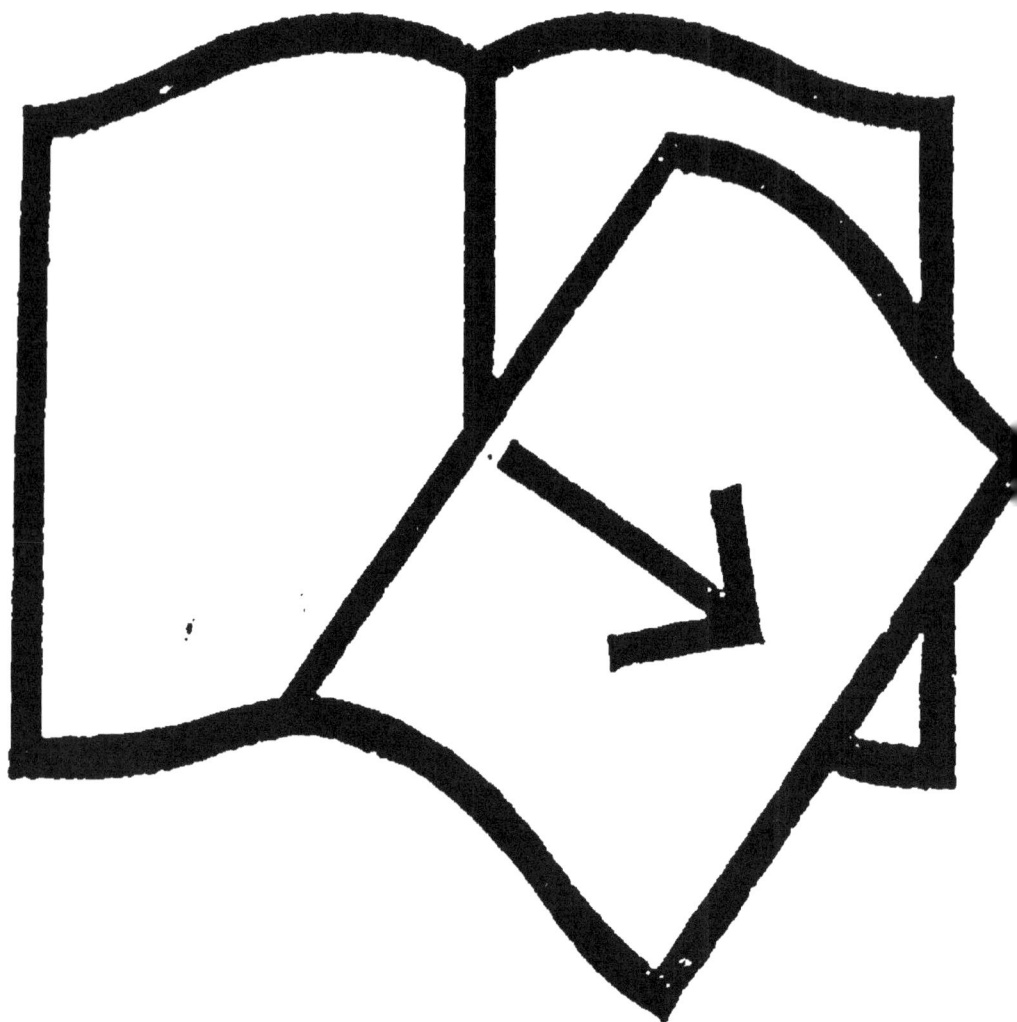

Documents manquants (pages, cahiers...)
NF Z 43-120-13

www.ingramcontent.com/pod-product-compliance
Lightning Source LLC
Chambersburg PA
CBHW070131100426
42744CB00009B/1793